Jonas Bopda Tébou

Oui à l'Eglise, non à la dénomination

Jonas Bopda Tébou

Oui à l'Eglise, non à la dénomination

L'Eglise de Dieu, différente du bâtiment ou des doctrines humaines

Éditions Croix du Salut

Impressum / Mentions légales
Bibliografische Information der Deutschen Nationalbibliothek: Die Deutsche Nationalbibliothek verzeichnet diese Publikation in der Deutschen Nationalbibliografie; detaillierte bibliografische Daten sind im Internet über http://dnb.d-nb.de abrufbar.
Alle in diesem Buch genannten Marken und Produktnamen unterliegen warenzeichen-, marken- oder patentrechtlichem Schutz bzw. sind Warenzeichen oder eingetragene Warenzeichen der jeweiligen Inhaber. Die Wiedergabe von Marken, Produktnamen, Gebrauchsnamen, Handelsnamen, Warenbezeichnungen u.s.w. in diesem Werk berechtigt auch ohne besondere Kennzeichnung nicht zu der Annahme, dass solche Namen im Sinne der Warenzeichen- und Markenschutzgesetzgebung als frei zu betrachten wären und daher von jedermann benutzt werden dürften.

Information bibliographique publiée par la Deutsche Nationalbibliothek: La Deutsche Nationalbibliothek inscrit cette publication à la Deutsche Nationalbibliografie; des données bibliographiques détaillées sont disponibles sur internet à l'adresse http://dnb.d-nb.de.
Toutes marques et noms de produits mentionnés dans ce livre demeurent sous la protection des marques, des marques déposées et des brevets, et sont des marques ou des marques déposées de leurs détenteurs respectifs. L'utilisation des marques, noms de produits, noms communs, noms commerciaux, descriptions de produits, etc, même sans qu'ils soient mentionnés de façon particulière dans ce livre ne signifie en aucune façon que ces noms peuvent être utilisés sans restriction à l'égard de la législation pour la protection des marques et des marques déposées et pourraient donc être utilisés par quiconque.

Coverbild / Photo de couverture: www.ingimage.com

Verlag / Editeur:
Éditions Croix du Salut
ist ein Imprint der / est une marque déposée de
OmniScriptum GmbH & Co. KG
Heinrich-Böcking-Str. 6-8, 66121 Saarbrücken, Deutschland / Allemagne
Email: info@editions-croix.com

Herstellung: siehe letzte Seite /
Impression: voir la dernière page
ISBN: 978-3-8416-9991-6

Copyright / Droit d'auteur © 2015 OmniScriptum GmbH & Co. KG
Alle Rechte vorbehalten. / Tous droits réservés. Saarbrücken 2015

Oui à l'Eglise, non à la dénomination

L'Eglise de Dieu, différente du bâtiment ou des doctrines humaines

Jonas

Prologue

Moi, Jonas, Je rends grâce à Dieu notre Père pour Lui-même, pour toutes Ses œuvres, pour nous et pour notre Seigneur Jésus-Christ par qui nous sommes victorieux. Je Te remercie SEIGNEUR Dieu notre Père pour Ta Puissance qui nous a créée, pour Ton amour qui nous garde et par qui nous sommes vainqueurs du mauvais. Je Te remercie Père très Saint pour notre Seigneur Jésus-Christ Fils Unique par qui abonde pour nous grâces et miséricorde. Je Te remercie pour Tes enfants, grands et petits, pour tous ceux qui ont part avec Toi par Ton Fils Unique Jésus-Christ, notamment pour ceux qui travaillent ardemment à Son œuvre qui est Ton œuvre. Je Te remercie Dieu notre Père pour toutes Tes œuvres.

Père, Je Te remercie pour moi-même, petit des petits que je suis, Tu m'as aimé et Tu m'as choisi pour faire Tes œuvres, faire les œuvres de Lumière. Après avoir vécu loin de Tes chemins, Tu m'as repris, Tu m'as corrigé, Tu m'as pardonné, Tu m'as enseigné, Tu m'as assigné une tâche que Toi Seul m'accompagne dans sa réalisation.

Après avoir erré, je suis venu à Toi mon Dieu et Tu m'as accueilli, je me suis repenti SEIGNEUR et par Ton Fils Jésus-Christ Tu as accepté mon repentir, je T'ai appelé SEIGNEUR, Tu m'as répondu ; je T'ai demandé Père que j'aime à mourir et Tu m'as donné. Tu m'as donné d'être lumière, à l'image de Ton Fils et de même que les frères, Tu nous donne de faire les œuvres de lumière. Dans l'œuvre qui consiste à amener et affirmer les Hommes au chemin du Salut, que je le sais maintenant est Ton Fils Jésus-Christ, je T'ai demandé Père ce qu'il faut faire, j'ai vu que nous étions sur un mauvais chemin, un chemin de perdition et j'ai levé les mains vers toi Dieu notre créateur pour T'implorer de nous montrer la vérité, que nous faut-il faire SEIGNEUR pour vivre selon comme Tu veux que nous vivons ? C'est ce que je T'ai demandé, puisque c'est à ça que Tu m'as appelé à œuvrer. Tu m'as inspiré *Sagesse* pour me montrer comment l'Homme doit se comporter ici sur terre envers son semblable.

Ensuite, Tu m'as inspiré *Chercher le Royaume des cieux* pour me montrer comment l'Homme doit chercher Ton Royaume de vie éternelle, et enfin Tu m'as inspiré cet autre écrit pour me monter comment l'Homme doit vivre Ta vie dans ce monde en Ton Fils Jésus-Christ qui est notre seul médiateur auprès de Toi. En conclusion SEIGNEUR, sur mon humble cas, Tu as honoré Ta parole : donner à celui qui demande, c'est ça que Tu nous as promis et c'est ça que Tu continue d'honorer chez moi. Merci SEIGNEUR pour Ton amour à notre égard, Merci de Tout cœur, dans tous les siècles que Gloire Te soit rendue, Amen.

Table des matières

Prologue……………………………………………………………………..2

Introduction…………………………………………………………………6

Partie I : Eglise : vraie et fausse conceptions……………………………10

Partie II : Vivre en Jésus-Christ……………………………………….....26

Conclusion………………………………………………………………34

Annexe…………………………………………………………………...37
- Remerciements au personnel de l'édition Croix du Salut………….38
- Brève biographie……………………………………………………40
- L'état du monde……………………………………………………44
- Ma lettre à l'Homme universel……………………………………50

« La religion pure et sans tâche, devant Dieu notre Père, consiste à visiter les orphelins et les veuves dans leurs afflictions, et à se préserver des souillures du monde. »

Jacques 1.27.

Introduction

Lorsque je venais de donner totalement ma vie à Dieu, pour que je vive selon Sa volonté exclusivement et donc que ce soit Lui qui me guide en tout ce que je fais, j'avais déjà eu à remarquer quelque chose de troublant et de mauvais dans ce monde sur le plan spirituel, c'est la multiplicité des religions : côté non chrétien et côté chrétien, ce qui posait chez moi le problème de savoir où est-ce que l'Homme doit être, dans quelle religion Dieu nous appelle, comment servir Dieu comme Il veut ? Cette affaire m'avait dérangée, notamment quand je cherchais comment la résoudre. Je cherchais la vérité, car si les Hommes refusent la vérité et préfèrent rester dans le mensonge, au moins pour moi, la vérité était bonne car par elle je serais dans la quiétude, la quiétude qu'on a lorsqu'on est dans le bon chemin et lorsqu'on le sait. J'ai grandi dans deux groupes religieux dont un groupe qu'on appelait ¨Mallah¨, c'est le nom de la femme chef de ce groupe, on parlait aussi de ¨Bureau lumière¨. En concomitance, l'Eglise catholique romaine. Dieu, je le dis par la foi, avait commencé par me faire sortir de ce premier groupe, avant de me faire sortir ensuite de l'Eglise catholique romaine. Cela s'est passé dans les environs de seize ans. J'ai mentionné que je le dis par la foi parce que c'est en regardant ma vie aujourd'hui que je comprends mieux ce qui s'est passé de part le passé. En plus, ce n'est personne qui m'a aiguillé à faire ces abjurations, c'est par moi-même que je les ai fait. J'ai eu à l'esprit respectivement que ces milieux n'étaient pas bons, que quelque chose ne marche pas, et progressivement, le doute m'a amené à prendre mes distance d'eux jusqu'à ce que je les quitte définitivement. Même depuis le jour où j'ai remis TOUTE ma vie à Dieu, le 24 janvier 2013, à quelques mois de mes 20 ans, j'étais en troisième année philosophie à l'université de Douala, j'ai continué ma recherche : qu'est-ce que nous avons à faire pour marcher selon la voie de Dieu et pour être sauvés à la Fin. C'est suivant cette interrogation et cette recherche que j'ai écris mon premier livre religieux : *De la religion*, dans lequel j'alerte sur le fait que l'état spirituel dans ce monde et dangereux, et sachant que moi-même j'ignore la vérité parfaite, je propose aux Hommes qu'en prenant compte de l'état des choses, qu'ils se mettent eux-aussi en quête de la vérité par laquelle ils seront sauvés. Au finish, je n'ai pas publié ce livre parce que comme moi-même je le reconnais à l'intérieur, je doutais beaucoup, et le doute m'a aiguiller à adopter trop de prudence, une prudence qui peut perdre car en réalité, on enseigne parce qu'on connait, on enseigne ce qu'on connait, si on ne connait donc pas, il faut d'abord prendre le temps de chercher, avant d'enseigner ce qu'on a trouvé, ce qui est la vérité. Malgré toute la peine que j'ai prise à écrire ce livre (prières, recherches, investissement, fatigues, grandes douleurs …) notamment la lecture de la Bible ; j'ai supporté de renoncer à lui, parce que j'ai trouvé que je n'étais pas dans la certitude. Après, je ne cherchais même plus à écrire jusqu'à ce qu'un jour, spontanément me vienne l'idée d'écrire un livre, me vienne le titre qui est *Sagesse*, et toujours en ce même jour je commence sa rédaction, jusqu'à l'achever en sept jours. En suite de quoi les autres écrits sont venus : produits des connaissances certaines que par la grâce de Dieu j'ai acquises à force méditations. Donc, comment vivre dans la volonté de Dieu suite à quoi on aura le Salut ? C'est Dieu qui donne la grâce de le faire, et ces trois écrits (*Sagesse, Chercher le Royaume des cieux, Oui à l'Eglise, non à la dénomination*) peuvent modestement vous aider dans cette quête, dans la vie en Jésus-Christ. Ce livre est une humble œuvre avec pour objectif de vous exhorter, ramener et affirmer dans la vérité qu'est l'Eglise par différence avec ce piège qu'est la dénomination.

Il est écrit grâce à ce que j'ai eu comme révélations personnelles et de ce que j'ai connu dans mes recherche, grâce à mon prochain, à l'instar de Karada, manager du blog **Karada.revolublog.com** dont la découverte de son blog a eu un impact décisif dans mon parcours car quand bien même je voyais quelque chose à l'horizon et ça depuis longtemps, je n'étais pas sûr de la véracité de la forme que je voyais, je me disais bien que c'était ça, mais il fallait que je me rassure, j'ai donc demandé à Dieu si ce que je vois est vrai, qu'Il me le dise et c'est comme ça que plus tard, sur internet j'ai découvert un blog où le manager écrivait : « *Sachez le mes frères, toutes les religions sont fausses, sauf Jacques 1 :27. Bâtissez votre vie sur [Jésus][1] seul.* »[2]

Je vous adjure de lire ce livre avec une lucidité correcte. Si par ce que vous avez déjà lu jusqu'ici, vous savez déjà que le message qui y est développé est vrai, que Dieu fasse abonder en vous d'autres vérités, qu'il vous affermisse pour que vous soyez meilleur. Salomon disait : « *que le sage écoute et il augmentera son acquis* »[3], et encore : « *Donne au sage, et il deviendra plus sage, instruit le juste, et il augmentera son acquis.* »[4] Bonne lecture donc. Mais au cas où par ce que vous avez déjà lu jusqu'ici, vous doutez de la véracité de ce qui y est écrit, ou vous croyez que c'est faux, je vous adjure de vous remettre à Dieu Lui-même, et de fermer ce livre si vous pensez que vous n'allez pas supporter ce qui y est écrit. Par Sa Bonté qui consiste en ce qu'Il donne à celui qui demande, Il vous instruira peu à peu jusqu'à ce que vous arriviez à ce niveau. L'éducation est progressive, quelque chose de très brute et pourtant vraie peut sembler faux à celui chez qui elle est venue spontanément. Moi-même tout comme les nombreux frères, il y a des choses que si on nous disait il y a quelques temps d'aujourd'hui on aurait refusé, et même maintenant, si ce n'est pas la pulsion de prudence que Dieu a mit en nous, on pourrait encore douter de certaines vérités qui sont si profondes pour notre modeste connaissance, notre humble niveau. Et je vais prendre un exemple : quand je lisais la Bible il m'était arrivé de lire *Ecclésiaste*[5], j'étais un jeune zélé pour Dieu, disposé à accepter la souffrance, le sacrifice, j'étais très zélé. Quand j'avais lu ce livre, j'avais beaucoup douté de la véracité de cet écrit. Je me demandais si ce ne sont pas les épicuriens qui l'ont écrit, comment on peut y dire de telles choses, notamment « *Rien de bon pour l'homme, sinon de manger et de boire, de goûter le bonheur dans son travail* »[6]. Je doutais beaucoup. Mais après quelques temps, quelques jours seulement, Dieu m'a redirigé vers ce livre, et quel est cet homme qui est revenu de sa

---
[1] [Jésus] remplace "le Mashiah" tel qu'il l'a écrit.
[2] Karada.revolubog.com.
[3] *Proverbes* 1.5.
[4] Id. 9.9.
[5] L'*Ecclésiaste* ou *Qohelet*.
[6] Id. 2.24.

lecture ? Un homme convaincu de la véracité de l'écrit, j'ai vu toute sa vérité, j'ai vu que *Qohelet* c'est de la sagesse profonde, très profonde ; les yeux novices peuvent mal comprendre, les yeux expérimentés voient ce que les novices ne voient pas. Et justement, en ce bref temps qui a séparé les deux lectures, Dieu avait augmenté considérablement ma sagesse, notamment grâce à des expériences. *Qohelet* est devenu l'un des livres que j'aime le plus lire dans la Bible, je l'ai lu des tas de fois. Cet exemple est pour vous montrer que l'Homme juge parfois par rapport à son niveau de connaissance, mais lorsqu'il apprend encore plus, il peut constater qu'il s'est trompé dans son jugement. Moi, j'ai appris à ne pas juger, mais à dire : ¨SEIGNEUR, je suis là en entier pour Te servir en entier, ce que Tu as besoin que je fasse, donne moi de le faire et je le ferai¨. **Si je produis cet écrit, ce n'est pas en terme de jugement blâmable, je ne juge pas un Homme, d'ailleurs Dieu m'a apprit à ne haïr personne, même celui qui me fait du mal, et avoir un cœur doux pour pardonner : je juge de ce qui est vrai ou faux. Je ne travaille contre personne, j'aimerai d'ailleurs travailler pour le bien de tous, présents comme futur, et je pense que c'est ça même que je fais, et que c'est à l'Homme d'accepter ou de refuser ce qu'on fait en sa faveur : je travaille pour la Vérité. Je ne dénonce personne, j'aimerai d'ailleurs encourager tous, présents comme futurs, mais c'est l'Homme lui-même qui se met dans la posture qu'en dépit de l'encourager, on trouve plutôt juste de le blâmer : je dénonce le mensonge, la fausseté.** Donc, si vous vous faites une mauvaise idée de ce livre, estimez que vous n'êtes pas encore au moment de le lire et fermez-le, peut-être vous reviendrez un jour et repartirez comme moi je suis reparti après être revenu vers l'*Ecclésiaste*. Et si vous continuez de le lire, je vous encourage, je vous remercie même, en vous exhortant à vous débarrassez de ce qui en vous peut faire obstacle à sa compréhension, et de le lire maintenant, sans désir de contredire mais de comprendre. Le mieux aussi est que vous ayez déjà lu la Bible, et ainsi vous verrez que c'est la vérité. Pour moi, je prierai que comprenne celui à qui Dieu a donné de comprendre.

Partie I : L'Eglise : vraie et fausse conceptions

Au regard de l'*Apocalypse* de Jean, je constate quelque chose qui est conforme à ce que le Seigneur nous a dit dans l'évangile et même à ce que l'Esprit-Saint a prêché par les apôtres dans leurs écrits, c'est que les derniers temps seront difficiles. Et même si cela m'a prit beaucoup de temps de constater l'état de l'humanité notamment sur le plan spirituel, je suis certain aujourd'hui quand je dis que nous vivons déjà ces temps difficiles, même s'il y en aura encore des difficultés à l'avenir. Le mal s'est déjà développé, il a proliféré, il a maturé, même s'il n'est pas encore à son comble en ce moment où j'écris.

Bien de fois, ou même généralement, le mal est plus flagrant quand on ne le fait plus en cachette, mais quand on le prend déjà pour norme ; aussi, lorsque c'est la voie de Dieu qui est biaisée. L'exemple est que dans l'histoire d'Israël, il y a eu des méchants, des pécheurs, des pervers, des bandits, etc. Mais Dieu s'irritait le plus lorsqu'il y avait idolâtrie. Quand le SEIGNEUR brandissait déjà son bâton pour frapper Son peuple, généralement, vous pouvez faire des enquêtes, l'idolâtrie était quelque part, dans les motifs de la plainte. Aussi, dans l'histoire des peuples, il y a eu beaucoup de méchancetés, de rapacités, d'inversion de valeurs, etc. Mais Sodome et les villes ont été dévastées parce que chez elles, le niveau était déjà très élevé, le mal était déjà très vulgaire. La *Genèse* raconte que lorsque les deux anges du SEIGNEUR sont venus chez Loth, c'est le peuple tout entier, sans exception qui est sorti pour se regrouper, puisque des habitants voulaient avoir des relations sexuelles avec eux, les rapports contre nature bien sûr, et sur la place publique, au vu de tous[7]. C'est gravissime. Et ces mêmes anges les ont donc dévastés. Le mal devient plus flagrant quand il ne se cache plus, mais est considéré comme norme, comme le droit.

Je mentionne cette légère introduction pour faire le lien avec le fait que l'humanité est déjà entrain d'être secouée par des fléaux apocalyptiques et qu'elle le

---

[7] *Genèse* 19.

sera davantage. Donc, interprétez ce qui vient dans le sens où lorsque ça devient très grave, il faut détruire, sauf que cette destruction sera la dernière, c'est sa particularité, et elle sera grave et difficile, c'est le décret de Dieu. Ne cherchez pas la paix sur terre, ne cherchez pas la guerre, cherchez la paix avec Dieu, car le décret a été publié et on n'y reviendra pas. Le mal dans le monde cause qu'il faut qu'il disparaisse pour céder place au Royaume céleste, car c'est à lui que Dieu nous appelle, pourvu que nous fassions Sa volonté, et le moment est d'autant plus proche dès maintenant. Ne soyez pas mondains, quelque chose de meilleur nous est réservé, Paul disait : « *car Christ est ma vie et, la mort m'est un gain.* »[8] N'ayez donc pas peur de mourir, mais ayez peur de mourir pour une mauvaise cause, ayez peur de faire le mal ce qui impacte négativement sur votre destinée.

La situation spirituelle aujourd'hui est mauvaise, et elle va s'empirer, ça ne doit pas vous étonner, mais ça doit plutôt vous affermir puisque vous êtes les témoins de la parole qui se réalise. Cela avait été annoncé, voici vous le voyez et vous le verrez encore. Ici, on va étudier cette situation par rapport au thème qu'est l'Eglise. Qu'est ce que l'Eglise ? -Je rappelle que le mieux pour lire ce livre est que vous ayez lu la Bible-. Ou je demanderai, que devons-nous faire pour être sauvés ? Ce sont les questions qui divisent les Hommes qui se disent chrétiens aujourd'hui, **alors qu'en véritables chrétiens, nous ne sommes pas divisés mais nous sommes unis, nous sommes frères.** Mais pourquoi ? **A cause des sociétés qu'on appelle dénominations**. Aujourd'hui, le nom de Dieu prolifère, les "maisons de Dieu" prolifèrent, les "serviteurs de Dieu" prolifèrent, plus qu'en toute autre époque, mais c'est en cette même époque que le mal prolifère. C'est le moment où "dieu" est le plus présent qu'il y a plus de mal. Comment ? A cause de la fausseté, du mensonge, de la mesquinerie, de l'escroquerie, de la méchanceté des Hommes ; à cause de l'ignorance, de l'égarement, du manque de volonté, de l'attirance au mal. Et comme je l'ai dis, les "religieux", les "chrétiens" prolifèrent aussi, ça qui est paradoxal si on ne les met pas entre guillemets.

---

[8] *Philippiens* 1.21.

Je remercie Dieu parce que ce livre vous donne des informations sur ma modeste personne, et elles sont de source sûre puisque c'est moi qui écris. Quand j'avais écrit mon livre *De la religion*, je me rappelle que dans la recherche d'un éditeur, j'étais allé dans une librairie et à la femme de ce lieu de me demander de quelle Eglise je suis. Je lui ai dit que je suis chrétien, et elle me demande de quelle Eglise, elle insiste jusqu'à dire qu'on sert Dieu dans une Eglise (dénomination). Ça c'est juste quelque chose de particulier dont je me rappelle, sinon, bien de fois, notamment quand j'allais vers les Hommes pour leur annoncer la parole de Dieu, la question à laquelle je devais m'attendre est « tu es de quelle Eglise » ? Cela était tellement général que ça me gênait même beaucoup, ça me gênais parce que je pensais que ma non appartenance à une "Eglise" me donnait un caractère suspect et que par cela, les Hommes ne voudront pas écouter ce que je leur dis ; mais je répondais que je suis chrétien, je me justifiais en disant que je suis de l'Eglise de Paul, de Pierre ; qu'on me dise l'Eglise de laquelle ils sont, j'y suis aussi. Et, puisqu'en ces moments, je pensais toujours qu'il est possible que ce soit une dénomination qui soit la religion de Dieu, je priais instamment Dieu de me guider où Il veut, en gardant aussi la possibilité que ce ne soit pas une dénomination qui la soit. Mais malgré cela, je savais que la communauté aussi est bonne, voilà pourquoi je demandais à Dieu de me guider où Il veut. Il ne m'a guidé nulle part, dans aucune dénomination, mais j'ai plutôt connu que, l'Eglise n'a jamais été et ne sera jamais une dénomination. Et si quelqu'un pense que c'est faux ce que je dis, qu'il me dise la dénomination dans laquelle Dieu attend de nous voir, et dans quelle parole Il nous y appelle. Et je dis qu'il sache donc qu'il se trompe car Dieu nous appelle à vivre selon Jésus-Christ, à Lui ouvrir notre cœur pour que nous soyons guidés par Lui-même, par l'Esprit-Saint et non par des préceptes humains.

Dans la Bible, il me semble que le premier passage où le mot "Eglise" est utilisé est lorsque Jésus dit : « *Si ton frère vient à pécher, va le trouver et fais-lui tes reproches seul à seul. S'il t'écoute, tu auras gagné ton frère. S'il ne t'écoute pas, prends encore avec toi une ou deux personnes pour que toute affaire soit décidée sur* *la parole de deux ou trois témoins. S'il refuse de les écouter, dis-le à l'**Eglise**, et s'il refuse d'écouter même l'Eglise qu'il soit pour toi comme le païen et le collecteur d'impôts. En vérité, je vous le déclare : tout ce que vous lierez sur la terre sera lié au ciel, et tout ce que vous délierez sur la terre sera délié au ciel.* »[9] De nombreux autres livres emploient ce mot, c'est le cas des épitres et de l'Apocalypse de gens ou l'Agneau S'adresse « *aux sept églises* »[10]. Un autre passage m'a marqué, c'est le passage où Paul demande de saluer « *Nympha et l'Eglise qui se réunit dans sa maison.* »[11]

L'Eglise a donc la définition du corps du Christ, ces foules qui constituent l'Eglise forment un seul corps, arrivent à cette unité par l'Esprit, c'est par l'Esprit qu'on est unit. Et cet Esprit c'est l'Esprit-Saint. L'Eglise c'est donc tous les Hommes, qui marchent selon Christ et Christ c'est la Parole vivante de Dieu, ce sont ceux qui sont des nouvelles créatures, qui sont quittés de l'être charnel à l'être spirituel, de l'être qui vit instinctivement selon sa chair, l'être de l'égo, l'être de son plaisir, de son besoin, à l'être universel, l'être spirituel, l'être qui aime son prochain comme Lui-même, l'être grâce à qui le monde est mieux vivable. C'est ça l'Eglise, la communauté de frères en Christ, c'est-à-dire les frères dans l'obéissance à la Parole de Dieu car le Seigneur Jésus, le Fils, n'est pas fondamentalement cette chair qui sillonnait les rues de Jérusalem et de Galilée à enseigner, s'Il l'était, c'est qu'Il n'Est pas puisque cette chair est née dans l'espace et dans le temps et a grandi, et l'a fait bien après Abraham. Or Lui-même dit : « Avant qu'Abraham fut, Je Suis »[12]. Cela abasourdit les juifs qui s'étonnent de comment un homme qui n'a même pas cinquante-ans prétend avoir vu Abraham qui est mort il y a beaucoup plus que deux millénaires d'années, ils ne comprenaient pas parce qu'eux aussi se sont butés en considérant Jésus, le Fils comme la chair qu'ils voyaient. Malheureusement, ils se sont de beaucoup butés, et ils se butent encore aujourd'hui, tout comme

---
[9] *Matthieu* 16.15-18.
[10] *Apocalypse* 1.4.
[11] *Colossiens* 4.15.
[12] *Jean* 8.58.

beaucoup se butent aujourd'hui, dont les musulmans qui disent que Jésus n'est que poussière que Dieu a créé tout comme Adam, et même les faux chrétiens, notamment ceux qui représentent Jésus par une chair corruptible. Jésus (le Fils) Est, est éternel, tout comme Dieu le Père est éternel. Jésus est la Parole de Dieu qui s'est faite chair pour accomplir la mission qu'elle allait accomplir dans la chair : prêcher le Royaume des cieux, délier l'Homme de la Loi qui débouche à la colère par la crucifixion, et ressusciter dans la Puissance pour aller s'asseoir à la droite de Dieu, d'où Elle était avant après avoir été glorifiée. Jésus est l'engendré de Dieu qui est Esprit. L'Eglise est donc les Hommes en qui Il vit, car c'est ceux en qui il vit qui marchent selon la volonté de Dieu, et personne en qui Il ne vit pas ne peut marcher selon comme Dieu veut, car Dieu L'a oint. Et voila pourquoi précédemment, Jésus demande à l'Homme qui a des problèmes avec son frère d'aller se plaindre à l'Eglise, c'est aux Hommes, qui marchant selon la Parole de Dieu ont un jugement véridique car ils sont mues par la justice de Dieu et sont donc capables de juger. Voila pourquoi Paul salue l'Eglise qui se réunie dans la maison de Nympha. Et c'est même très révélateur, il ne salue pas la maison, ni les doctrines, mais l'Eglise, c'est-à-dire les croyants, les engagés en Jésus-Christ qui se regroupent dans cette maison. L'Eglise c'est l'Homme, l'Eglise ce sont les Hommes. Le Temple de Dieu c'est l'Homme, le temple de Dieu ce sont les cœurs des Hommes, car Dieu est incorruptible et ce n'est que dans le cœur (l'esprit et non le muscle) qu'il peut avoir de l'incorruptibilité. Les matières sont corruptibles, les châteaux, gratte-ciels et temples sont corruptibles. Et Dieu est Esprit, il n'a pas besoin de maison humaine, mais les fruits qu'il produit dans le cœur de l'Homme en qui Il habite sont des fruits spirituels : l'amour. Et l'amour produit toutes les autres choses : charité, humilité, joie, bonté, douceur, tolérance, miséricorde, etc.

Aussi l'Homme né de Dieu est libre, parce que l'Esprit est dynamique et non pas statique, l'Homme en qui Dieu vit, vit selon l'inspiration de Dieu qui le guide, il fait ce que l'Esprit le pousse à faire, il n'est pas sous le régime d'une loi qu'il faut aller puiser dans des livres de lettres mortes, mais la loi est vivante en son cœur, voilà pourquoi il est libre. Car la loi de la lettre morte est imparfaite, en effet, faudrait-il encore la comprendre, faudrait-il encore bien l'interpréter, faudrait-il encore conjecturer des moments opportuns et des moments inopportuns ; or l'Esprit produit la loi du moment car la vie est dynamique tout comme Lui aussi est dynamique puisqu'Il est avec nous, puisqu'Il vit en nous. Pour consulter Dieu chez les juifs on allait à Jérusalem, de cette manière on dirait : « Béni soit qui a les moyens ». Mais est-ce cela ? Est-ce « n'est pas béni qui n'a pas les moyens ? Non. On peut consulter Dieu, tout juste dans notre cœur, pas besoin de quitter son lit car Il est en nous.

Au temps de la genèse de l'époque de la grâce, si on parlait d'Eglise au pluriel, ce n'était ni pour désigner des bâtiments, ni pour désigner des préceptes d'Hommes qu'on appelle doctrines. C'était en rapport avec la diversité des lieux villes) où l'évangile a été prêché et accepté, les lieux où il y avait des communautés d'Hommes qui se sont donnés à Jésus-Christ. Je le répète, Jésus-Christ c'est la Parole vivante de Dieu, le Fils en tant qu'engendré de Dieu qui n'est pas chair mais esprit, la Loi de Dieu. Je le précise parce que cette fausse religion qu'est l'islam abuse de la naïveté des Hommes qui sont sous son joug en les faisant croire que le christianisme est mauvais parce que les chrétiens associent Dieu, et ont donc une pluralité de divinités. Comprenez bien ceci chers musulmans et après, renoncez simplement à cette religion qui est la votre pour bâtir votre maison sur le roc afin qu'elle supporte les épreuves sans fléchir : les chrétiens n'associent pas Dieu, Dieu n'est pas une divinité et Jésus une deuxième et l'Esprit-Saint une troisième ; Il n'y a qu'un seul Dieu, un Esprit qui engendre le spirituel. Le Fils, c'est le guide, c'est la Parole vivante du Père, le Chemin, le Commandement ; l'Esprit-Saint, c'est la manifestation du Père et du Fils en nous, donc Il vit en nous. Lorsqu'on parle de Dieu, l'erreur que les Hommes font est de se représenter une chair ou quelque chose de matériel quelque part, qu'ils peuvent voir. Et comment ce matériel peut écouter ta prière, et comment il peut t'assister d'où tu es s'il est figé, « *Dieu est esprit et c'est pourquoi ceux qui l'adorent doivent adorer en esprit et en vérité.* »[13] Maintenant, Dieu peut se manifester de différentes façons. Il s'est manifesté dans le feu, avec Moïse ; dans l'ouragan, avec Job ; dans le souffle avec Elie, ... et dans la chair avec Jésus-Christ. Les Chrétiens n'associent donc pas Dieu, et ne reconnaissent qu'un seul Dieu, qui par Sa Toute puissance se manifeste à eux comme Il veut. Moi-même je suis encore un gros ignorant, voilà pourquoi je préfère m'arrêter là. Je vous ai dis ce peu pour que vous comprenez ce qu'il en est, je ne risquerai pas vous dire davantage pour vous perdre, ou jouer au connaisseur en me trompant moi-même. Encore que, lorsque nous disons Jésus, nous n'idolâtrons pas un Homme, je l'ai déjà dit, le Fils de Dieu n'est pas la chair qui circulait dans les rues de Jérusalem, Paul disait : « *et si nous avons connu Christ de manière purement humaine, maintenant nous ne le connaissons plus ainsi.* »[14] Il est la Parole de Dieu qui nous guide, qui s'est incarnée en cette chair, et c'est par elle que nous sommes sauvés parce qu'en obéissant à elle nous obéissons à Dieu car « *le chef du Christ, c'est Dieu.* »[15], c'est Dieu qui fait Sa Parole.

Or, c'est tout autre chose le sens que l'Eglise a prit aujourd'hui. Car l'Eglise aujourd'hui a deux sens principaux : soit elle désigne une doctrine, un crédo, des préceptes humains ou soit elle désigne un bâtiment. La dénomination est surtout par rapport à la première : la doctrine car c'est par elle qu'elle se créé, mais englobe la seconde, car c'est de cette manière qu'elle se meut. Voila la première preuve que la dénomination n'est pas l'Eglise. Et c'est même clair car l'Eglise est une et les dénominations sont plurielles, l'Eglise est unie, mais les dénominations divergent et se contredisent. Je rapproche plus la dénomination d'une société spirituelle. Les sociétés des matières vendent les produits matériels : nourriture, vêtements, objets divers, etc. Les sociétés spirituelles vendent les produits spirituels : l'espérance, le soulagement, la "paix de l'âme", le

---

[13] *Jean* 4.24.
[14] *2 Corinthiens* 5.16.
[15] *1 Corinthiens* 11.3.

réconfort, la connaissance, les miracles, etc. Je désigne les dénominations comme sociétés spirituelles. Voilà pourquoi elles sont même plusieurs et font la concurrence, se combattent, se recommandent, dénigrent les autres et font de la publicité par des plaques et autres. Mais moi je vous le dis, le jour où quelqu'un voudra mettre une plaque pour signaler une Eglise, qu'il la mette sur lui, et pour en faire quoi ? Ce sont donc des sociétés. Et de nos jours la gamme de produits est variée car outre les produits spirituels, on vend aussi des produits matériels à des fins spirituelles : sel et eau, images, objets de prières, livres de prières, statuettes d'idolâtrie qui représentent des personnages dont ceux qui les fabriquent n'ont jamais vu leurs visages, ce sont eux qui donnent la forme et l'image qu'ils veulent à l'objet et lui attribuent le nom d'un saint ; il y a des huiles d'onction, des foulards qui contiennent le "Saint-Esprit", des aliments bénis, etc. La gamme est variée, et le marché passe.

Sinon, même le christianisme dans un sens profond n'est pas une dénomination car être Chrétien signifie croire en Christ et comme Christ c'est l'Oint, c'est la Parole vivante de Dieu, Parole qui vient de Lui, qui Est Lui, différemment des préceptes d'Hommes qu'ils prétendent venir de Dieu pour leur donner de la crédibilité. Donc le chrétien est celui qui écoute la parole de Dieu et la met en pratique. Et on peut parler de religion ici dans le sens où la Parole les réunit, la Parole les unit. C'est dans ce sens qu'on peut parler de religion. Mais la vérité est comme le grand Karada le disait, de bâtir sa vie sur Jésus Seul, qui veut dire bâtir sa vie sur Dieu seul car Jésus c'est Dieu. Il n'est pas Robert Powell, cet acteur du film Jésus de Nazareth dont les photos sont idolâtrées dans les maisons des Hommes, alors que de la même manière qu'il joue le rôle de Jésus, -encore que dans ce film il lui était assigné de jouer le rôle de Juda, avant qu'on ne change son rôle-, il joue aussi le rôle d'un vampire dans un autre film d'horreur : c'est qu'il n'est qu'un acteur, ce n'est pas lui Jésus. Jésus n'est pas en outre une quelconque photo, image ou dessin ou encore sculpture, ce sont des chairs corruptibles que ces conneries représentent, Jésus c'est la Parole Vivante et incorruptible de Dieu. Cette Parole qui a pour Temple incorruptible notre cœur et qui produit les œuvres incorruptibles de lumière. Et Jésus qui intercède pour nous n'est pas un homme de chair assis à coté d'un dieu de chair et qui lui dit, « pardonne-les », « ne les punit pas ». Christ qui intercède pour nous, c'est cette Parole qui lorsque nous sommes à elle, nous sommes aussi à Dieu et Il nous traite donc avec miséricorde car nous avons choisi Son chemin, Sa voie, faire Sa volonté car faire Sa volonté se manifeste dans la pratique de Son commandement, de Sa Parole : Jésus-Christ. Les enseignements d'Hommes vous donneraient peu à ce sujet, cherchez plutôt l'enseignement de Dieu qui peut vous révéler toute chose, les choses spirituelles sont parfaites lorsqu'elles sont vivantes par l'Esprit, la lettre morte ne les traduit pas si souvent parfaitement. Vous pouvez d'ailleurs le constater en comparant l'ancien testament au nouveau testament, en comparant la loi de Moïse et l'évangile de Jésus-Christ. Il en ressort que l'ancien testament qui est l'imperfection du nouveau est plus long, alors que le nouveau qui est le plus complet est plus court. Car Jean dit sous l'inspiration de Dieu : « *Si la Loi fut donnée par Moïse, la grâce et la vérité sont venues par Jésus-Christ.* »[16] Par ailleurs, l'évangile plus exhaustif et plus profond est plus court en ce qui concerne la lettre, en nombre de pages que son imperfection qu'est la loi de Moïse qui est transcrite dans le Pentateuque (les cinq premiers livres de la Bible, ou de l'Ancien Testament). Dieu nous montre ainsi que le spirituel est meilleur que le matériel, car en Christ, la Loi est dans notre cœur, elle nous conduit, partout nous sommes avec elle.

Aussi, l'Eglise prends l'acception de bâtiment, on entend les Hommes dire le dimanche : « Je vais à l'église », ou « l'église est en face du carrefour, c'est la maison blanche à gauche ». Dans "l'Eglise", les Hommes qui se haïssent, qui savent bien qu'ils ne partagent pas le même désir, la même volonté, si ce n'est le mal, s'appellent frères et sœurs, mais en réalité ce ne sont pas les frères en Christ sinon les frères en dénomination, ils partagent les préceptes d'Hommes,

---

[16] *Jean* 1.17.

ils sont les chrétiens de la Loi, non pas de la liberté, les chrétiens du il faut prier trois fois par jour, il faut aller a l'Eglise au moins le dimanche, il faut retenir la pensée de la semaine ou le sermon du pasteur, il faut payer les produits de délivrance et les photos de Jésus (qui sont en réalité les photos de Robert Powell) et d'autres dessins d'artistes « *qui produisent une forme barbouillée de couleurs variées dont la vue finit par éveiller la passion des insensés et leur fait désirer la forme inerte d'une image morte. Amants du mal et dignes de pareils espoirs, tels sont ceux qui les fabriquent, les désirent ou les adorent.* »[17]

Mais par le scandale que produisent la multiplicité des dénominations chrétiennes et plus généralement des religions, qui se combattent, qui se dénigrent, qui se recommandent elles même tout en proscrivant les autres, qui tiennent les discours du genre : « je suis la seule de Dieu, la seule qui doit être, les autres servent le diable ». Certains Hommes ont fait l'effort de réflexion et on pensé que Dieu ne regarde pas l'Eglise ou plus généralement la religion dans laquelle l'Homme est, mas il regarde son cœur. La question que je vais poser est comment être dans un mauvais milieu et avoir un bon cœur. Jésus nous appelle par exemple à aimer notre prochain comme nous même. Comment allons-nous atteindre cet amour, cet amour pur dans des sociétés qui, ayant pour objectif de vendre et de se grossir prêchent des discours de haine contre les concurrentes, de division, en faisant et faisant faire la propagande d'elles-mêmes, font croire à ceux qui sont dans leurs rangs qu'ils sont plus grands que les autres, qu'ils sont les enfants de Dieu, les princes, et que les autres sont du diable, ceux qu'ils doivent dominer, ceux qui sont dans l'ignorance, ceux qui sont dans la perdition. Si je suis le prince, l'éminent fils de Dieu, encore que je suis grand parmi les grands parce que j'ai payé ma dime, parce que j'ai fait une offrande au pasteur (qui n'est en réalité qu'un mercenaire) et j'ai semé pour son ministère. Si donc par mégarde, je piétine l'adepte de cette autre religion qui est dans « *Babylone la*

---
[17] *Sagesse* 15.4-6.

Grande »[18], ce fils de Babylone, pourquoi m'excuser, pourquoi lui demander pardon, pourquoi m'abaisser devant lui ? Pourquoi avoir pitié de l'autre, souhaiter son bien, il n'est pas de ma dénomination qui est la seule de Dieu, il est du diable, et je dois plutôt le dominer, être la tête et non la queue, être prospère et lui miséreux. Comment être dans un mauvais groupe et atteindre le bon cœur, j'ai remarqué que si on est dans un mauvais groupe, soit il faudra perdre son bon cœur pour être en accordéon avec le groupe, soit il faudra choisir être au même diapason du groupe et perdre son bon cœur. Voilà pourquoi beaucoup quittent les mauvais groupes. Ils y vont par ignorance, et dès qu'ils se rendent compte que quelque chose cloche, Dieu les y fait sortir. Certes donc que Dieu regarde le cœur de l'Homme, mais on aurait du mal à être exemplaire dans l'obéissance à la doctrine d'un mauvais groupe en gardant son cœur bon. Je vais prendre un exemple. Le *Coran* qui est le livre des musulmans appelle les chrétiens les ¨associateurs¨, et c'est clair pour ce livre que ce que leur dieu nous réserve est l'Enfer, le feu et des dures souffrances, et même sur cette terre, il faut qu'ils nous tuent, nous soumettent à un lourd tribut, nous asservissent, nous combattent car nous sommes les mécréants, pour la simple raison que nous avons accepté croire en Dieu et obéir à Sa Parole, nous sommes donc les déchets du monde, il faut donc qu'on nous tue, qu'on nous soumette. Que Dieu Véritable soit témoin. Comment donc l'Homme qui y sera va maintenir son cœur bon, car s'il n'a pas à cœur de nous tuer il n'est pas un bon musulman, il le serait s'il combat pour son dieu, en nous tuant, nous qui sommes pour eux les rebuts du monde, les impies, les mécréants qui hériteront d'un terrible châtiment : le feu, l'Enfer, où nous mangerons le pue pour nourriture, tandis qu'eux, ils iront au paradis où les fruits sont à la portée de main, où coulent les ruisseaux de lait, et leur dieu leur donnera de belles maisons et des femmes vierges : des houris. C'est ce que leur livre dit, c'est écrit dans leur livre, si quelqu'un doute il peut aller le lire, et qu'il le lise par lui-même, non avec quelqu'un qui lui interprète quoi que ce soit. Notre Seigneur Jésus pour eux, Lui qui est celui à cause de qui

---

[18] *Apocalypse* 17.5.

« *nous sommes mis à mort tout le long du jour, nous avons été considérés comme des bêtes de boucherie* »[19], Lui donc, tout comme Adam n'est que poussière, à qui leur dieu a dit "soit" et Il fût. Jésus pour eux je le répète n'est que poussière. Mais je prie que Dieu les ramène, qu'il leur fasse connaitre la vérité, et qu'il leur propose son Bonheur qu'est le Royaume.

Cet exemple était pour montrer que le cœur s'obtient et se maintient dans la pureté de la vérité, « *Nul ne peut servir deux maitres* »[20], on ne peut servir le mensonge et la vérité au même moment, soit on sert l'un, soit on sert l'autre.

Que nous faut-il faire, se demande l'Homme. Il faut d'abord avoir à cœur de marcher selon la voie de Dieu, selon la Vérité, selon le commandement, selon le bien. Si vous avez ce cœur, vous demanderez au SEIGNEUR de vous guider, et « *quiconque demande reçoit, qui cherche trouve, et à qui frappe on ouvrira.* »[21] Moi je vais vous dire quelque chose. Selon Son projet, Dieu a organisé les choses comme suit : au temps d'Adam, Dieu inspirait, révélait la vérité aux Hommes pour qu'ils marchent dans le bien, mas beaucoup ont refusé, après est venu le déluge qui les a balayé, mais site de quoi ils ont recommencé à provoquer. Ensuite, Dieu a donné la Loi à Moïse, en ce temps, cette Loi était notre Loi. Quand Jésus est arrivé, l'Oint de Dieu, Jésus était notre Loi, c'est ce qu'Il disait qu'on devait faire. Mais maintenant qu'Il est parti, qui est notre Loi, sommes-nous orphelins, à qui nous a-t-Il laissé ? C'est toujours Lui, ce même Jésus qui est notre Loi mais non plus en être charnel qu'on doit quitter notre lieu pour aller l'écouter, mais en force puissance de l'Être spirituel : Jésus est notre Loi, Il est en nous, c'est Lui qu'on appelle l'Esprit-Saint car Il dit quand Il s'apprête à partir : « *En vérité, en vérité, je vous le dis, recevoir qui j'enverrai, c'est me recevoir moi-même, et me recevoir c'est recevoir Celui qui m'a envoyé.* »[22] L'Ecriture le confirme aussi quand Dieu dit par la main de son serviteur

---

[19] *Romains* 8.36.
[20] *Matthieu* 6.24.
[21] *Luc* 11.10.
[22] *Jean* 13.20.

Jérémie : « *Mais voici l'alliance que je ferai avec la maison d'Israël, Après ces jours-là, dit l'Eternel: Je mettrai ma loi au dedans d'eux, Je l'écrirai dans leur cœur; Et je serai leur Dieu, Et ils seront mon peuple.* »[23] Et le Seul que Jésus a envoyé c'est l'Esprit-Saint qui travaille dans la Puissance avec les serviteurs des Jésus-Christ, qui forme les enfants de Dieu car Il est en eux, d'ailleurs que c'est par Lui qu'ils le sont. Ce n'est pas Mahomet que Jésus a envoyé, et Ses serviteurs ne vont pas acheter des pouvoirs magiques ou s'enrôler dans la sorcellerie ou encore organiser des montages pour montrer qu'ils sont Ses serviteurs, ils n'ont d'ailleurs pas besoin de ça car c'est l'Esprit qui les forme, qui les dispose, qui les repartit, qui les accompagne, qui les assiste, qui leur donne de porter du fruit en abondance, ils ne font pas des démons leurs collègues.

Etre chrétien signifie croire en Jésus-Christ, croire en Jésus-Christ signifie accepter la Parole de Dieu et vivre selon elle. Est-ce donc par la dénomination qu'on est chrétien ? Non.

En effet, si c'était par la dénomination qu'on était chrétien, faudrait-il encore qu'on nous dise le nom de cette dénomination pour qu'on puisse y être, et moi-même, j'irai en courant. Dans le judaïsme, Dieu avait donné la loi sur la religion, jusqu'à donner même la loi sur le caleçon des prêtres qui devait être fait en « *lin* »[24] qu'en est-il alors de la loi chrétienne ? Certes les Hommes recommandent des dénominations, tout en les justifiant et en critiquant les autres. Mais, nous reconnaissons quand-même en Dieu la Sagesse, c'est Dieu qui a donné la Loi à Moïse. Dieu aurait-Il œuvré en Son Fils Jésus-Christ et oublié de nous dire la dénomination qu'Il venait fonder ? Et après Jésus, Pierre avec toute la responsabilité que le Seigneur lui a confié n'aurait-il pas lâché ce nom ? Paul, débordant de connaissances, n'aurait-il pas croisé la route de ce simple nom ? Les apôtres auraient-ils travaillés en puissance comme en temps sans

---

[23] *Jérémie* 31.33.
[24] *Lévitique* 6.3.

savoir à quoi ils travaillent ? Moi je vous le dis, ils travaillaient à Christ, non aux sectes pernicieuses. Et Christ c'est la Parole, et la Parole c'est Dieu. Ils travaillaient donc à Dieu, à ce que les Hommes croient en Lui et vivent selon Son commandement. Jésus Lui-même s'est assimilé au Chemin de Dieu, et pour continuer Son œuvre, Il nous a laissé l'Esprit-Saint qui est Lui-même et qui est le Père qui L'a envoyé.

Mais je le dis, et comme beaucoup le savent, la vérité finit toujours par triompher, j'explique cela dans une parabole dans mon livre *Chercher le Royaume des cieux*. On peut travailler à maintenir un Homme dans l'ignorance, mais Dieu aidera toujours Ses élus selon le projet qu'il a d'eux. Les dénominations le proclament, je ne dis pas que toutes le proclament mais plusieurs quand-même : « Je suis la seule Eglise, je suis la seule religion, pour être sauvé il faut être en moi seul les autres servent le diable. » Mais moi je vais poser deux questions. Tu dis que tu es la seule, que pour que Dieu nous sauve, il faut que nous soyons en toi. Que se passe-t-il pour ceux qui sont morts avant que tu ne naisses, puisque toi-même tu es née dans l'espace et dans le temps, c'est l'Enfer ? Aussi, que se passe-t-il pour ceux qui vivent de manière contemporaine avec toi, mais qui ne te connaissent pas, puisque tes bâtiments et tes annonceurs ne sont pas partout, ceux-là qui vivent sans entendre parler de toi, sans que tu ne te trouve sur leur continent, dans leur pays, dans leur ville, nul n'est censé ignorer que tu existes, nul n'est censé manquer de moyens pour même s'il le faut prendre l'avion pour aller à l'autre bout du monde se réunir dans tes bâtiments et rentrer ensuite, et comme ça chaque fois que ta loi le demande, c'est que : bienvenue à l'évangile de la prospérité ?

Voilà la vérité qui se révèle, la vérité sur le caractère stupide de ces prétentions de dénominations. Et je vous l'assure, même l'Homme qui vit seul dans un désert peut être sauvé par Dieu, à condition qu'il vive selon la Parole de Dieu, et la Parole de Dieu ne se trouve pas seulement dans la Bible, la Parole de Dieu est l'Esprit qui habite en l'Homme, qui est capable de lui enseigner toute chose dont il a besoin, de produire en lui toute parole, sans qu'il n'ait à lire la Bible ou à avoir un Homme pour enseignant, et retenez-le bien, l'Esprit est partout, l'Esprit c'est Dieu, « *Dieu est esprit* »[25]. Et de là, l'Esprit lui inspirera même les bonnes œuvres, car la bonne œuvre n'est pas seulement le don qu'on fait à son prochain, l'amour de Dieu, l'action de grâce, la piété, ce sont des bonne œuvres aux yeux du SEIGNEUR, même envers les animaux sauvages du désert qui sont aussi les créatures de Dieu on peut faire le bien ; on ne leur fera pas l'aumône, mais on pourrait faire un bon geste, même envers l'environnement sauvage du désert on peut faire une bonne œuvre : c'est l'Esprit qui inspire toute chose. Eloignez-vous donc des pièges que sont les dénominations. Est-ce que je dis par cela que tous ceux qui sont dans les dénominations seront punis par Dieu ? Non, comment, quand moi-même j'ai été dans une dénomination avant de sortir : la dénomination catholique romaine, et que je prétendais aussi qu'elle est la seule de Dieu… Non. Des choses en effet relèvent de la carrière de l'Homme, et c'est Dieu qui a voulu. Celui qui aime son prochain comme lui-même ne perd pas son temps, celui qui fait les œuvres de lumière par la lumière ne perd son temps nulle part, mais c'est ces choses que l'Homme n'atteindra pas par la dénomination, sinon la haine, la souillure, la mauvaise doctrine, l'achat de l'espérance, la querelle, la partialité, la corruption, l'injustice, le mépris de la vérité et l'amour du mensonge, se tromper soi-même, etc. Moi je sais que c'est Dieu qui appelle l'Homme, et que le moment venu Il appellera tous ceux qu'Il a choisi appeler, même des dénominations.

Mais l'homme se demandera : si l'on sort des dénominations, c'est pour aller où ? L'Homme esclave, même lorsqu'il est affranchi, peut parfois toujours avoir du mal à accepter la liberté et peut choisir donc délibérément se mettre toujours en posture d'esclavage. Si vous savez que c'est le Saint-Esprit qui vous a fait sortir d'une dénomination, d'une religion ou de quoi que ce soit, soyez sans crainte et laissez le temps vous montrer ce qu'Il vous réserve, l'Esprit est vivant,

---

[25] *Jean* 4.24.

Il vous guidera. Est-ce qu'on est chrétien de part la Loi ? On est chrétien de part la liberté et c'est Dieu, usant de cette liberté qui appelle l'Homme où Il veut, dans ce qu'Il veut, car la piété ce n'est pas de se faire prendre au piège de la Loi, mais c'est de faire la volonté de Dieu. Mais si vous savez que ce n'est pas l'Esprit-Saint qui vous a sorti de la dénomination ou d'un quelconque milieu, cherchez –Le d'abord, cherchez le véritable Jésus d'abord, non pas les images et photos d'acteurs de films ou des dessins d'artistes ou encore des sculptures et statuettes qu'on vous présente, ou des doctrines charnelles et humaines, mais le véritable Jésus-Christ : « *le Chemin, et la Vérité, et la Vie* »[26]. Et Il poursuit : « *Personne ne va au Père si ce n'est par moi* »[27]. Non par Robert Powell qui est l'acteur du film Jésus de Nazareth comprenez bien, mais par Lui, Parole vivante et éternelle de Dieu, par qui nous triomphons. Comment faire pour L'avoir ? « *Demandez, on vous donnera ; cherchez, vous trouverez ; frappez, on vous ouvrira. En effet, quiconque demande reçoit, qui cherche trouve, à qui frape on ouvrira. Ou encore, qui d'entre vous, si son fils lui demande du pain lui donnera une pierre ? Ou s'il demande un poisson lui donnera-t-il un serpent ? Si donc vous, qui êtes mauvais, savez donner de bonnes choses à vos enfants, combien plus votre Père qui est aux cieux donnera-t-il de bonnes choses à ceux qui le lui demandent.* »[28] Ou encore « *Si donc vous, qui êtes mauvais, savez donner de bonnes choses à vos enfants, combien plus le Père céleste donnera-t-il l'Esprit Saint à ceux qui le Lui demandent.* »[29] Vous voyez, Dieu Lui-même promet donner l'Esprit-Saint à qui Le Lui demande, promet donner de bonnes choses à qui les Lui demandent. Avez-vous donc besoin d'un Homme, Hommes libres, avez-vous besoin d'esclavage ? Vous avez besoin de Dieu, il vous guidera où Il veut, pour faire réaliser Sa volonté en vous et c'est par cela que vous serez sauvés.

---

[26] *Jean 14.6.*
[27] Id.
[28] *Matthieu 7.7-11.*
[29] *Luc 11.13.*

Partie II : Vivre en Jésus-Christ

Cette partie est un supplément car je traite largement de cet aspect dans mes deux livres précédents (*Sagesse* et *Chercher le Royaume des cieux*) mais plus particulièrement dans le second livre : *Chercher le Royaume des cieux*. J'ai quand-même choisi la mettre notamment pour ceux qui n'auront pas la possibilité de lire ces autres livres et pour ajouter ce que j'ai connu en plus.

Qu'est-ce qu'il y a à dire ? C'est pour vous exhorter à l'amour car notre Seigneur Jésus a dit : « *Je vous donne un commandement nouveau : aimez-vous les uns les autres. Comme je vous ai aimés, aimez-vous les uns les autres. A ceci tous vous reconnaîtront pour mes disciples : à l'amour que vous aurez les uns pour les autres.* »[30] C'est donc pour vous exhorter à vous maintenir dans l'amour, car si le SEIGNEUR est si bref dans Son commandement, c'est que Son commandement est d'aspect général ; c'est par l'amour, c'est l'amour, qui produit les autres vertus du chrétien. C'est par l'amour que je suis charitable, et non par la charité que j'aime ; c'est par l'amour que je suis humble, et non par humilité que j'aime, car on commence par aimer l'autre, pour juger s'abaisser face à lui, si on ne l'aimait pas, on ne s'abaisserait pas. C'est aussi vrai que l'amour grandit. Bref, c'est par l'amour qu'on atteint la piété, donc, travaillez d'abord l'amour, et vous aurez travaillé les autres choses. Par contre, quand-bien même vous aurez les autres choses, si vous n'aimez pas, vous vous rendrez compte que vous êtes dans l'hypocrisie, et l'hypocrisie est contre le commandement de Dieu. C'est avec l'amour qu'on est dans la piété car l'amour, lorsqu'il est véritable, est un sentiment pur, on ne l'obtient qu'en Dieu. Celui qui n'a pas l'amour de Dieu en lui, même son propre enfant, il ne peut aimer car en aimant son enfant, on aimerait l'enfant de l'autre ; même son propre parent il ne peut aimer car on aime son parent quand on aime le parent de l'autre. Ces choses donc qui se masquent en amour ne sont pas l'amour véritable, l'amour de

---

[30] *Jean* 13.34-35.

Dieu, mais la conjecture, la reconnaissance, la peur du châtiment, etc. L'amour de Dieu aime de manière universelle. Si quelqu'un prétend qu'il aime son père ou sa mère et qu'il haït sans raison le père ou la mère de l'autre, qu'il m'écoute quand je dis qu'il ne les aime pas. Si quelqu'un prétend qu'il aime son fils ou sa fille et qu'il haït sans raison le fils ou la fille de l'autre, qu'il sache qu'il ne les aime pas. Mais il calcule, car son fils est pour lui une cause de gloire, d'intérêt, de protection … il en est de même pour la fille, le père et la mère. C'est suivant son intérêt qu'il accorde de la valeur à l'autre. Si c'était l'amour, l'amour de Dieu, l'amour du Christ Jésus, cela devrait être universel. Car, devant Dieu, c'est en Christ qu'on est frères et sœurs, et non en liens physiques c'est-à-dire familiaux. Et devant Dieu, il n'y a pas de père ou de mère car les Hommes commencent par être enfants, après ils deviennent parents ; ils commencent par avoir des parents, après ce sont eux qui ont des enfants, or le parent peut être meilleur que l'enfant tout comme l'enfant peut-être meilleur que le parent. Devant Dieu donc, nous sommes tous frères, frères en Son Fils Unique bien-aimé Jésus-Christ. Tu vas aimer les liens charnels et haïr les liens spirituels ? C'est que tu es stupide. Tu vas aimer celui qui est ton frère ou ton père de sang, qui te haït quand tu n'es pas dans une posture qui te mène à la Colère de Dieu, parce que tu as choisi obéir à Dieu, qui te persécute, qui serait content de toi à condition que tu te mettes dans une posture où tu vas perdre ton âme, tu vas don l'aimer lui et haïr ton voisin qui n'a de cesse que tu persévère dans la voie de Dieu pour hériter du Royaume des cieux, lui qui t'aime dans la vérité, non pas dans l'intérêt ? C'est que tu es stupide. La vraie fraternité ce n'est pas les liens de sang, mais les liens d'esprit, ce n'est pas charnellement, mais spirituellement. On est frères en Jésus-Christ. Car c'est là ou diverses personnes regardent dans la même direction, ont le même Esprit : l'Esprit-Saint, sont Un. L'unité produit la paix, la paix c'est le bonheur car c'est à ça que tous aspirent.

Ceci est donc un appel à l'amour, moi-même je prie Dieu de faire grandir en moi l'amour. Vous pouvez m'aider par vos prières, je vous remercie pour cela, et de prendre en compte toutes ces choses.

D'ailleurs, c'est très facile d'aimer comme c'est très difficile de le faire, cela dépend de ce à quoi notre esprit est disposé, mais il en reste qu'on doit aimer, aimer l'autre n'est pas un fardeau, mais c'est un témoignage parfait du droit. En effet, nous sommes là, sur terre ; aimer son prochain comme soi-même veut dire quoi ? C'est de voir que j'ai besoin de manger : au même titre que moi, mon prochain a aussi besoin de manger ; j'ai besoin de mon plaisir : au même titre mon prochain a aussi besoin de son plaisir ; j'ai besoin d'être grand, honoré : celui qui est en face de moi a aussi besoin d'être grand, d'être honoré. Donc, de la même manière que je cherche mon pain, je dois aussi veiller à ce que l'autre ait son pain, à ne pas être un obstacle pour lui au gain de son pain. Mon plaisir ne doit pas être cause de déplaisir pour l'autre, mais de la même manière que je n'aime pas qu'on m'offense, je dois chercher, veiller quitte à me priver de quelque chose, si cela peut être un obstacle à mon prochain, une cause de chute pour lui. En cherchant ma grandeur, mes honneurs, je dois aussi chercher ceux de l'autre, ne pas chercher à tort à me hisser au dessus de lui, de la même manière que je sais que je n'aime pas qu'on se hisse au dessus de moi, mais je dois chercher ce qui nous soit profitable à deux, du moins, ce qui ne doit pas lui être nuisible ; car je sais que moi-même je n'aime pas qu'on me cause des douleurs. Chers frères bien-aimés, aime ton prochain comme toi-même est la perfection de la loi, tous les méchants vont s'achopper dessus, voilà pourquoi il est écrit : « *la méchanceté témoigne de sa lâcheté quand elle est condamnée par son propre témoin* »[31]. Car les méchants sont ceux qui font les choses que si on les faisait cela à eux-mêmes, ils se plaindraient. Qu'est-ce que cela veut dire ? Que quand la loi est en leur faveur, elle est bonne, mais quand elle est en faveur de l'autre elle est mauvaise ? Même leur conscience témoigne que c'est faux, car la loi doit être en faveur de tout le monde, du juste. Mais par leurs actes ils témoignent du contraire parce que lorsqu'ils volent, ils s'excusent à eux-mêmes, ils se justifient, ils s'affirment avec orgueil ; mais lorsqu'on leur vole, ils se plaignent, ils font recours au droit, ils menacent, ils disent qu'on le leur rendra avec des intérêts, alors qu'il y a quelques temps c'étaient eux qui étaient entrain de voler l'autre, et après ils se vantaient d'êtres forts, sages, intelligents, qu'on

---

[31] *Sagesse* 17.11.

ne peut rien leur faire. Il en est de même pour l'offense et les autres choses. Mais ils sont sur le chemin par lequel on devient « *un cadavre infâme, un perpétuel objet de honte parmi les morts* »[32].

Mais nous, consacrons nous à l'amour, c'est spirituel et comme je l'ai dit, cela peut être très facile come très difficile, puisque ça dépend de l'esprit qui habite en l'Homme. L'esprit au service de la chair ne produit pas l'amour, il ne peut même pas, car il est animal, et regardez les animaux, l'un va jusqu'à tuer l'autre pour le manger, et sans pitié ; l'un ramasse le butin de l'autre et le laisse affamé, et sans pitié. L'Homme charnel est un animal, il vit comme les animaux, par l'égo, et l'égo ne peut amener l'amour de l'autre car l'égo c'est le moi, non pas le nous, si vous le voulez bien, l'égo c'est l'éclat de l'égoïsme. Comprenez bien ceci, l'Homme charnel est un animal, et même pire car l'animal cherche juste son intérêt et c'est terminé, alors que l'Homme peut aller jusqu'à se mettre au service du mal, au service de contrer la vérité, contre Dieu son créateur. L'Homme commence donc à devenir un être spirituel, -et c'est l'être spirituel que Dieu aime étant Lui-même spirituel- quand il transcende déjà cette manière d'agir charnelle pour agir différemment, de manière contradictoire. L'Homme charnel dit : « mon ventre », l'Homme spirituel dit : « nos ventres » ou même « son ventre avant le mien », c'est suivant ce cheminement que les actes se posent sous divers domaines. Voilà pourquoi les Hommes spirituels sont considérés comme des fous, justement parce qu'ils ne vivent plus à la manière des autres, de la foule, Dieu les a changé, Il a fait d'eux de nouvelles créatures, des êtres spirituels, les autres les considèrent donc comme des fous, et c'est a juste titre quand on sait que la sagesse de Dieu est folie devant les Hommes et la sagesse des Hommes est folie devant Dieu. Mais nous, nous prenons plaisir dans notre folie car si le fou n'est pas celui qui est dans le mauvais chemin, mais celui qui agit seulement différemment des autres, de la foule, nous continuerons dans notre folie en souhaitant que Dieu nous donne la grâce d'être plus fous encore, vraiment, puisse Dieu faire grandir en nous la folie, si c'est par elle que nous Lui plairons. C'est en effet à Lui

---
[32] Ibid., p. 27, 4.19.

qu'on veut plaire, non pas aux "animaux", aux Hommes méchants. Les problèmes spirituels sont quelque part stupides, dans le spirituel, le plus grand peut être facile et le plus petit difficile. Les méchants et ceux qui servent le mal ne sont juste que des ignorants et des endurcis, ils cherchent quelque chose, et passent par la voie contraire par laquelle on l'obtient. Ils cherchent le bonheur, mais prennent la voie opposée au bonheur, la voie par laquelle on trouve le malheur. Ils demeurent dans l'endurcissement parce qu'ils ne font pas appel à Dieu qui délivre de l'endurcissement et qui guide, en nous donnant ce qu'on doit faire et en nous donnant les moyens, notamment en disposition d'esprit, par la connaissance, de le faire. Car quand bien-même ils savent parfois ce qu'ils doivent faire, ils n'ont pas la douceur d'esprit de l'accepter, ils sont pris au piège par l'endurcissement de leurs cœurs. C'est Dieu qui délivre de cela, en donnant la disposition d'esprit opportune pour faire l'œuvre qu'Il nous demande de faire, et c'est ainsi qu'on trouve cela facile. En fait, tout ce qui est spirituel est facile, mais prends la forme difficile pour celui à qui cela l'est. Aimer, s'abaisser, souhaiter le bien d'autrui, partager … ne sont pas en-soi difficiles à faire, ce sont des pensées, ce sont des paroles, ce sont des actes qui ne coûtent pas autant d'énergie qu'une journée de travail manuel. Mais par le diable, l'Homme préférerait faire l'esclavage toute sa vie pour ne pas adopter ces vertus. Je vais prendre l'exemple de quelque chose de très stupide qu'on retrouve dans les esprits endurcis, il s'agit de cette folie qu'est la jalousie. Comment est-ce que j'ai vu que la jalousie est une folie, est stupide ? En constatant que généralement, l'Homme est jaloux de celui qui lui est le plus utile et n'est pas jaloux de celui qui lui est le moins utile. Généralement, l'Homme est jaloux de celui qu'il connait, de celui qui est proche, de son voisin. Mon voisin prospère financièrement par exemple et ça me gène, ça ne me plaît pas. Des millions d'argent viennent d'entrer dans la poche du plus riche du monde : ça m'est égal. Quelle stupidité ! Le plus riche du monde, que son argent soit mille fois plus, je ne mangerai jamais un seul beignet de cela alors que mon voisin, même si ce n'est pas par amour pour moi, me fera profiter de son bien d'une manière ou d'une autre. Même si ce n'est pas moi, ce serait quelqu'un qui a ma faveur. Même s'il arrange la route sur laquelle il passe, puisque sa prospérité l'amène à plus de confort, y compris le confort de la route sur laquelle roule sa voiture, qui est une route commune, ça me serait profitable. Je haïs donc celui qui m'est utile et je n'ai que faire de celui qui ne m'est point utile, voilà la folie qu'est la jalousie. Mais combien d'Hommes y sont endurcis ? Des foules. Pourquoi sont-ils endurcis ? Parce qu'ils sont prit au piège de la chair : l'égo, le désir de grandeur, la concurrence. Pourquoi sont-ils prit au piège de la chair ? Parce qu'ils ne se remettent pas à Dieu qui peut briser cette emprise sur eux, par Son Esprit-Saint qui délivre l'Homme en lui donnant notamment la connaissance et la grâce pour marcher selon cette connaissance. C'est Dieu en effet qui donne la bonne disposition d'esprit, la grâce par laquelle on obéit à Sa Parole.

L'Esprit-Saint qui est Dieu disait en effet par la bouche de Paul : « *Le mouvement de la chair est révolte contre Dieu ; elle ne se soumet pas à la loi de Dieu ; elle ne le peut même pas. Sous l'empire de la chair on ne peut plaire à Dieu.* »[33] C'est l'Esprit qui libère donc de l'emprise charnelle. Ceux donc qui ne sont pas nés d'en haut son sous le joug du péché, car sans Esprit pour les libérer et n'ayant que leur chair, ils ne peuvent plaire à Dieu et voila pourquoi personne n'est puni par Dieu injustement. Mais est puni celui qui selon le juste jugement mérite la punition. Je rappelle qu'ils n'ont pas d'Esprit-Saint parce qu'ils ne l'ont pas demandé, s'ils avaient demandé, ils auraient reçu, s'ils avaient été sincères, ils auraient accepté, et ils auraient été sauvés.

Bien-aimés enfants de Dieu et frères, cherchez l'Esprit-Saint, « *soyez remplis d'Esprit-Saint* »[34] pour avoir les dons de Dieu en abondance qui vous permettrons de porter du fruit en abondance. En Jésus-Christ en effet, ce n'est pas par soi-même (par sa propre force) qu'on porte du fruit, mais c'est par la grâce qui travaille avec nous, par la grâce qu'Il nous a donné car chacun a une œuvre qu'il doit faire et personne ne doit faire l'œuvre de l'autre. Et Jean le baptiste disait : « *Un homme ne peut rien*

---

[33] *Romains* 8.7-8.
[34] *Éphésiens* 5.18.

s'attribuer au-delà de ce qui lui est donné du ciel. »[35] R-I-E-N, comprenez bien cela car c'est pour vous détourner de l'orgueil qui fait de gros ravages chez les Hommes du monde. Remplissez-vous donc d'Esprit-Saint pour pouvoir vous fortifier davantage et accéder à ce qui est meilleur. C'est de cette manière que vous amasserez en grand nombre de fruits pour la vie éternelle. Les difficultés spirituelles sont vaines car je l'ai dis, dans le spirituel, tout peut être facile, maintenant les difficultés dépendent de l'esprit qui anime l'Homme. S'il y a des pécheurs, c'est qu'ils ont transgressé contre le commandement qui est « *Tu aimeras ton prochain comme toi-même* »[36], car les autres commandements, infinies, découlent de celui-là. Or qu'est ce qu'il y a de difficile à aimer son prochain comme soi-même ? Rien, c'est qu'ils sont endurcis, et nous, c'est pour la cause de notre enseignement, de notre formation que Dieu nous met souvent face à des situations, sinon, c'est facile. Nous avons le pain de vie que nous mangeons, c'est de cette manière qu'au fur et à mesure que ce pain nous rassasie, nous avons moins faim, au point d'être rassasié. Mais eux, ils n'ont pas le pain de vie, et ce sont eux qui refusent de le manger, ils le considèrent comme une chose malsaine, mais voilà qu'ils ont faim à longueur de jour. Le pain de vie est un pain spirituel, non pas matériel. Celui qui le mange se rassasie spirituellement, il a moins de maux car tourments, remords, gênes, peur, ils les dépassent car Jésus est son berger et il ne manquera de rien, voilà pourquoi il est délivré de ces choses qui font souffrir les mondains alors qu'en elles-mêmes elles sont vides. Qu'est ce que la haine ? Quand tu haïs ton prochain, qu'est-ce que tu gagne ? Quand-tu ajoute de l'hypocrisie, qu'est ce qu'il perd ? Tu te fais du mal à toi-même car quand tu le vois tu souffres, tu souffre du gêne et cela te fait passer un mauvais moment, quand il est partit, tu es dans le remord, le gêne, le tourment, et tu passe encore un sale moment. Lui, si Dieu le veut n'aura aucun problème, tu te croiras sage en pensant à ce que tu le haïs et que lui ne sait pas, qu'il pense que tu l'aime, alors que c'est par cela même que tu hôte de lui le gêne, car pensant que tu ne le haïs pas, ou que tu l'aime, même quand il passe devant toi, il est en paix, et en joie. Et dans toute cette affaire donc,

---

[35] *Jean* 3.27.
[36] *Matthieu* 22.39.

c'est toi seul qui souffre, c'est toi seul qui passe mauvais moments sur mauvais moments, qui perd ? Et après il faudra rendre compte sur le pourquoi tu l'as haïs sans raison, sur le pourquoi tu n'as point aimé ton prochain comme toi-même. Regarde cher Homme, tu ne fais que perdre, du début à la fin. Or combien d'Hommes souffrent de haine ? Combien d'Hommes souffrent d'orgueil ? Tu veux te grandir devant l'autre alors que tu es nu spirituellement et parfois même matériellement, mais tu veux t'élever au dessus des autres, que ce soit toi qu'on loue. Tu veux ordonner alors que tu ne connais même pas ce qu'il faut faire, comme celui qui veut prendre le devant d'un convoi sans savoir la direction de la destination, ou comme celui qui veut prendre le volant d'une voiture sans savoir où il doit aller. Tu veux enseigner cher Homme, mais tu ne sais pas quoi dire, et tu ne connais pas plus que l'autre. On enseigne en effet ce qu'on connait et à qui ne connait pas. Combien souffrent d'orgueil, ils veulent être grands, mais ça les conduit tout droit à la petitesse ; ils veulent être élevés mais prennent le chemin par lequel ils sont conduits tout droit à l'abaissement. Car l'Homme nous aime pour ce qu'on fait de bien. Combien souffrent de cette folie qu'est la jalousie ? Combien s'enrôlent dans la concurrence stupide ? Combien préfèrent s'affamer spirituellement pour manger charnellement, et la conséquence est qu'après même qu'ils ont mangé, ils ont encore faim car le spirituel est vide ? Combien souffrent de maux dont la cause est qu'ils n'ont pas Jésus-Christ dans leurs cœurs ? Mais ce sont eux qui Le refusent, qui Le renient, or Il vient à eux. Jésus-Christ n'est donc pas difficile et Il disait : « *Venez à moi, vous tous qui peinez sous le poids du fardeau, et moi je vous donnerai le repos. Prenez sur vous mon joug et mettez-vous à mon école, car je suis doux et humble de cœur, et vous trouverez le repos de vos âmes. Oui, mon joug est facile à porter et mon fardeau léger.* »[37] **Jésus vous tend donc la main, saisissez-là pour votre Salut.**

---

[37] *Matthieu* 11.28-30.

Conclusion

Pour conclure, **ma mission est d'amener et affirmer les Hommes en Jésus-Christ.** Y amener ou du moins travailler à que vienne à Jésus-Christ les non-croyants, et que soient affermis, soient fortifiés, ceux qui y sont déjà, car on a toujours besoin d'affermissement, et moi je suis le premier à en avoir besoin. « *Courez donc de manière à le remporter.* »[38] Et, « *l'athlète ne reçoit la couronne que s'il a lutté selon les règles.* »[39] Et on est vainqueur à condition qu'on tienne jusqu'au bout. Voilà pourquoi il faut grandir en Jésus-Christ, se perfectionner et non pas stagner, car en stagnant on risque même fléchir, au point de tomber, c'est pour ça qu'il faut s'affermir. Et, nous avons sur terre de la part de notre Seigneur Jésus-Christ la tâche de nous compléter mutuellement, étant des membres de Son corps, nous devons être en harmonie et nous mettre ensemble pour travailler pour Ce corps. Chaque enfant de Dieu doit participer à Son œuvre selon ce qu'il a reçu, et chacun reçoit toujours quelque chose, il n'y a personne que Dieu a lésé, il n'y a personne que Dieu a oublié. Tous n'ont pas la même chose, et personne n'a tout ; et Dieu attend que chacun œuvre selon ce qu'il a reçu. Moi, serviteur quelconque, j'ai donc choisi, malgré les contradictions, malgré la détresse, malgré le questionnement, et surtout malgré la souffrance, me mettre en habits de travail et travailler courageusement, jusqu'à finir et partir, c'est ça que j'ai décidé au Père. Père, exauce cette prière je T'en prie, soit avec moi jusqu'au bout, ne m'abandonne jamais, et fais moi vainqueur pour aller à Toi, dans Ton Royaume demeurer dans Ton amour, cette merveille qui est Ton amour, MERVEILLEUX QUE TU NOUS AIME. Il y a ceux qui nous contredisent, mais on supporte la contrariété ; il ya ceux qui nous trouvent stupides, voire fous, mais on supporte l'insulte ; il y a des moments où nous-mêmes nous nous questionnons, mais on persévère. En effet, ce n'est pas par nous, notre force ou notre intelligence d'Hommes que nous agissons, mais c'est Jésus-Christ Lui-même qui

---

[38] *1 Corinthiens* 9.24.
[39] *2 Timothée* 2.5.

nous fortifie, qui nous fournie en abondance la foi et l'espérance, qui nous assiste et nous console, ainsi par l'espérance qui est en nous, nous continuons notre mission la tête haute. Toute l'humanité nous contredirait, mais par notre Seigneur, nous resterons affermis. Nous recevrons toutes persécutions, mais par notre Seigneur Jésus-Christ, nous continuerons le travail. Nous serons même immolés, mais par notre Seigneur Jésus-Christ nous sortirons vainqueurs et nos œuvres par Lui resteront vivantes. Rien et rien ne pourra les tuer, car elles vivent dans le cœur. Les obstacles se transformeront même en avantage. Je vous invite donc chers frères à aimer le Seigneur et à vous charger de votre croix, la souffrance et le travail qu'on subi et qu'on fait sur terre ne sont pas éternels, tout comme la vie même sur terre n'est pas éternelle. Il nous faut donc travailler pour la Vie éternelle, vie de Bonheur en abondance, c'est ce que Dieu prépare pour nous. La promesse a été faite, et comme toute autre promesse, elle se réalisera. Courage chers frères « *En ce monde vous êtes dans la détresse, mais prenez courage, j'ai vaincu le monde !* »[40] disait notre Seigneur. Moi je loue Dieu de ce qu'Il maintient un « *reste* »[41] qui marche dans la lumière, qui donne un sens au monde. De toute éternité, Gloire à Dieu.

---

[40] *Jean* 16.33.
[41] *Ezéchiel* 12.16.

« *Convertissez-vous : le règne des cieux s'est approché* »

Matthieu 4.17.

Annexe

Dans cette partie annexe, j'ai choisi mettre quelques autres écrits notamment mes remerciements à mon éditeur (**Croix du Salut**), c'est en étant à ma place que l'Homme peut bien comprendre ce qu'ils ont fait pour moi. Aussi, j'ai ajouté une brève biographie, pour que vous sachiez, en toutes mes œuvres qui je suis. En outre, j'ai exposé mon article sur *l'état du monde*, qui vise à ce que vous sachiez à quel temps nous sommes aujourd'hui. Et enfin ma *Lettre à l'Homme universel*, un questionnement d'ordre eschatologique pour tout Homme.

Remerciements au personnel de l'édition Croix du Salut

Je ne termine pas la rédaction de cette modeste pierre à l'édifice du Salut des Hommes en Jésus-Christ, le seul Nom qui a été donné, sans remercier grandement, vraiment grand merci au personnel des Editions Croix du Salut (Sarrebruck – Allemagne) pour l'opportunité qu'ils m'ont donné, et d'une manière vraiment simple. Après que j'ai terminé d'écrire mon lire *Sagesse*, je l'ai proposé à de nombreux éditeurs africains et étrangers, notamment européens. Beaucoup ont accepté publier le livre, certains aussi ont refusé, sous prétexte que le livre n'entre pas dans leur ligne éditoriale. Pourquoi je n'ai pas fait avec ceux qui ont accepté ? Parce qu'ils me demandaient de l'argent, et ayant bien sûr la volonté de payer, ayant même cherché ma mesure à trouver cet argent, notamment pour m'acquitter de la somme demandée par le premier éditeur à accepter le livre, je n'ai pas pu en avoir. J'avais 21 ans en ce moment, et je gagnais mon pain dans les chantiers de construction immobilière en faisant ce qu'on me donne de faire, ce que je vois : frappe des parpaings, décapage de terre, manutention, etc. Voila pourquoi je continuais de proposer mon livre à de nombreux autres éditeurs, dans l'espoir que je croise la route de celui qui peut me le publier gratuitement, c'est-à-dire à compte d'éditeur. Sinon, le livre avait été publié dans un site d'édition numérique gratuit : Edition 999, c'était bien, notamment quand le livre s'est en sorti avec un total de 518 visiteurs, pour quelques trois mois environ, mais le livre n'étant pas imprimé sur papier, et sans ISBN c'est-à-dire non protégé, il me fallait trouver un éditeur qui publie sur papier et donne un ISBN. Mais je remercie grandement et très largement Edition 999, notamment monsieur **Jean-Michel Pailherey** qui est son propriétaire. Qui sait à combien de personne le livre y a été utile ? Et, le lundi, 02 février 2015, j'ai croisé le chemin des Editions Croix du Salut, dans un message où ils validaient la publication de mon livre. Je leur avait en effet proposé le livre auparavant. C'est comme cela que nous avons travaillé ensemble, jusqu'en ce jour où j'écris, après avoir publié dans leur maison d'édition deux ouvrages dont *Sagesse* et *Chercher le Royaume des cieux*. Publication gratuite et conforme à mes désirs.

Je tiens notamment, à remercier monsieur **Valérie Moreau** qui est le membre de leur personnel qui m'a accompagné pour la publication de ces ouvrages, c'est avec lui en particulier que je travaille et je l'apprécie beaucoup. Et dans une optique générale maintenant, je remercie tous ceux qui m'ont aidé, m'aident et m'aideront dans ma tâche. Que Dieu vous récompense largement.

Pour dire que si vous pensez que ces œuvres sont bonnes et qu'elles sont une cause de bien pour vous, je vous demande de prier pour moi et aussi pour ces Hommes qui m'ont aidé. Dans un monde miné par le mal, cette maison d'édition est spécialisée dans la publication des écrits spirituels, pour le Royaume des cieux. Maintenant, le fait c'est qu'un éditeur n'est pas un auteur, l'auteur peut y conduire de mauvais ouvrages, voilà pourquoi je vous demande de prier pour ces Hommes, que Dieu les préserve, que Dieu les perfectionne, qu'ils soient une forts, non par eux-mêmes et par leurs propres forces, mais par vos prières et par la faveur que Dieu peut leur accorder grâce à vos supplications, vraiment, que Dieu perfectionne ces Hommes car ils m'ont fait du bien, afin qu'ils soient meilleurs et qu'ils portent du fruit en abondance devant Dieu notre Père et notre Seigneur Jésus-Christ. Que Dieu vous bénisse, que Dieu vous bénisse monsieur Valérie Moreau, c'est mon souhait, c'est ma prière, qu'elle soit exaucée, au nom de Jésus-Christ, Amen. Moi, je vous aime et vous êtes dans mon cœur.

Brève autobiographie

Je m'appelle Jonas, ayant pour total nom Bopda Tébou Jonas. Je suis né le 15 juin 1993 à Douala, c'est au Cameroun. J'ai fais des études générales : à l'école catholique Saint-Thomas de Béedi-Malanguè pour ce qui est du primaire ; au collège Dauphine II de la cité des palmiers pour ce qui est du secondaire, avec pour série A4 espagnol au second cycle ; et j'ai terminé à l'Université de Douala suite à l'obtention d'une licence en philosophie dans l'année scolaire 2012-2013. C'est suite à ça que j'ai décidé d'arrêter l'école, l'école de ce type. J'ai choisi arrêter l'école par amour pour Dieu, par amour de faire Sa Volonté, pour Le servir car Il m'a appelé.

Déjà, depuis mon enfance, j'ai du respect pour Dieu. Pas pour dire que je n'ai pas péché ou que je n'ai pas fais de fautes, mais qu'étant pécheur, je n'ai pas choisi le péché et rejeté la justice ; ça ne m'a pas été égal d'avoir offensé mon Dieu ; étant convaincu d'avoir tort, je ne me suis pas enorgueilli de cela. Mais, ce qui est quand-même une faute, j'essayais parfois de m'acquitter dans mes raisonnements, chercher les raisons qui me justifient, qui accusent l'autre, et ça c'était à tort. Mais pour le cas où j'étais convaincu d'être dans le tort, ça ne m'était pas égal, mais c'est que j'étais faible.

Depuis l'enfance donc, j'ai du respect pour Dieu. Mais, des temps forts de ma relation avec Dieu se sont suivis au long de ma vie. Je fixe la première date au 31 décembre 2009, dans la période où j'étais en classe terminale et qu'ayant de part le passé constaté des lacunes dans ma vie, **je m'étais fixé des principes de vie que j'ai appelé le "perfectionnisme"**. C'était nuitamment ce jour là, dans une "église" catholique romaine de mon quartier : la paroisse Saint Jean-Marie Vianney. Cette partie de ma vie, notamment l'histoire de mon parcours scolaire, de l'obéissance et des transgressions du perfectionnisme, de ma relation avec Dieu et de mon grand amour pour une créature de Dieu : une femme, a été exposé dans mon deuxième livre rejeté et détruit : *Darille* ; écrit de manière contemporaine à l'histoire vécue. Depuis ce temps, mon respect pour Dieu, mon amour pour Lui et ma relation avec Lui grandissaient, et je grandissais aussi en sagesse, et naturellement en physique. A l'université, j'avais Dieu tellement dans la bouche que des camarades disaient ceci et cela de moi. J'avais aussi un ami, qui selon mon regard aimait aussi la justice, mais était musulman : Alassan Yaya.

Il s'avère qu'en troisième année universitaire, dans le deuxième semestre (2013), suite à ce que j'avais entendu dire ci et là, notamment à l'école, j'avais décidé d'écrire un article à propos du point de vue de nos différents enseignants sur l'homosexualité. Puis cela avait changé et maintenant je pensais écrire un article que j'ai commencé par nommer ¨**De la différence entre les religions et de la nécessité de se tourner vers Dieu**¨. Mais il est devenu un livre (***De la religion***), qui a fait 652 pages en fin d'écriture, que j'ai retravaillé pour moins de 300 pages jusqu'à son dépôt à MACACOS (Maison catholique de communication sociale) pour publication ; mais un livre que j'ai aussi rejeté, pas détruit puisqu'il est en fichier numérique et que je l'ai fais circuler avant de le rejeter.

Par ailleurs, un autre temps fort de ma relation avec Dieu est qu'en ce temps là- ce qui m'a d'ailleurs aidé à écrire *De la religion*-, je m'étais lancé dans la lecture de la *Bible*, qui dans le cas d'espèce est la Traduction Œcuménique de la Bible (T.O.B). Je la lisais en bien de temps, à la maison, à l'école (en heures de cours, en temps libre) ; je me rappelle même qu'un jour lors d'un exposé, il y avait eu une discussion entre un camarade exposant et moi à propos du décalogue, et j'avais brandi la *Bible* en main, et la conséquence de ce geste est qu'il eut beaucoup de bruits. Ça c'est juste un divers. Le plus profond est qu'un camarade du nom de Yamekieu -il se peut que le nom soit mal écrit mais il pourra être corrigé suite aux renseignements-, comme bien d'autres logiquement (puisque je ne me cachais pas pour lire la Bible), m'avais donc remarqué et m'avait interrogé à propos en salle de classe, et on s'était convenu d'en parler après, à la sortie. Et c'est de cette manière qu'à la sortie, on s'était mit à parler, debout. Malgré que la causerie avait prit un certain temps. Il me parlait de biens de choses visant à ce que je prenne le bon chemin. Quant-à moi, Dieu, je l'avais déjà choisi, voilà même pourquoi je lisais la Bible. Mais j'avais un véritable problème : de savoir si Dieu est contre la fornication car sur ce côté, je doutais. Mais je n'avais pas choisi ne jamais la faire jusqu'à ce que je sois certain du vrai et du faux, et d'agir selon ça. C'est que les pulsions sexuelles et l'attirance des femmes en moi causaient que j'avais vraiment envie de relations sexuelles avec des femmes, et ce désir était parfois très fort. Je lui avais posé la question et il m'avait dit que Dieu est contre ça et les autres immoralités sexuelles (adultère, masturbation, homosexualité, etc.) Je lui avais demandé l'illustration, on avait en parlé et lu, je me souviens de l'épitre aux *Galates*. C'est ça qu'il me fallait.

Quand j'étais rentré à la maison ce jour là, vraiment chargé spirituellement, j'avais écrit dans un de mes cahiers nettement ceci : « **Jeudi, 24 janvier 2013, je décide de donner ma vie à Dieu en le reconnaissant comme mon père, celui qui a la possibilité de m'offrir la vie éternelle; et j'accepte de pratiquer sa parole dans ma vie, de le témoigner et de me renier (mes désirs, mes passions) pour réaliser le projet qu'il a pour moi. Je sais que parvenir à vivre selon la volonté de Dieu est difficile, mais je sais aussi que je peux y arriver.**» En effet, avant, j'avais déjà accepté Dieu, mais ce jour là et grâce à cet homme, j'avais accepté Dieu en tout : du genre que si Dieu avait à me dire va te bruler au feu, j'irai ; n'ai pas de femme, j'accepterai ; souffre, je souffrirai ; mais dans l'espérance que par Sa Bonté, c'est du bien qu'il allait me faire. C'est donc ça, et je tiens à te dire Yamekieu : **merci, merci et merci au nom de Jésus-Christ. Tu as été par ce très bref moment une pierre angulaire de l'édifice de ma vie en Jésus-Christ.** Et depuis ce jour, ce 24 janvier 2013, j'essaye de vivre dans la pleine Volonté de Dieu. Certes biens de fois je suis tombé, et je continue de tomber, mais j'espère au don de Dieu.

Dieu m'a aidé, a augmenté ma connaissance, ma sagesse et mes œuvres, et voila qu'après avoir rejeté *De la religion*, le 15 septembre 2014, j'étais entrain de commencer à écrire *Sagesse*, visant à donner l'instruction aux Hommes et les ramener à Jésus-Christ le Chemin. J'avais en effet été attiré à me consacrer à la

Moisson : ramener les Hommes à Jésus-Christ, non pas parce que moi-même je suis arrivé, ou que je connais trop, ou que je suis parfait, mais pour servir les autres, pour mettre à leur profit ce que j'ai, dans l'attente de leur donner davantage selon comme Dieu me donne aussi. D'autres temps forts de ma vie, il y en a eu et je crois qu'il y en aura davantage, mais voici deux principaux.

Pour donc en conclusion vous adjurer que, si vous lisez que ce soit mon site www.delareligion.e-monsite.com , ou mon livre, ou mes écrits en général, prenez le dans cet objectif : amener et affermir les Hommes à Jésus-Christ. Croyez en Dieu, croyez que Jésus-Christ est Son Fils Unique, le Messie, le Sauveur des Hommes par Sa crucifixion, et Celui par qui vient le Salut de Dieu. Croyez que Sa Parole (l'évangile) est le chemin à suivre pour gagner en Son Nom le Royaume des cieux. Cherchez et accordez une grande place à l'Esprit-Saint dans votre cœur, dans votre vie, pour qu'Il vous guide, vous sanctifie, vous montre et vous aide à faire la Volonté de Dieu suite à quoi vous serez sauvés ; vivez en amour des uns pour les autres, et **gardez l'esprit en Dieu.**[42] Cherchez à faire la Volonté de Dieu, livrez-vous à Lui. C'est ça que je vous conseille.

Je vous avertis que le monde ira de mal en pis. Ne vous attendez donc pas à un monde paradisiaque, ou que des tas de foules se rangeront derrière vous pour chercher Dieu, pour vivre en Christ. Mais pensez à votre Salut personnel, cherchez le Salut des autres, aimez vos ennemis, priez pour ceux qui vous persécutent, ne haïssez personne car la haine ferme les portes à celui qu'on hait, même celle de la justice, dans le sens où lorsqu'on hait quelqu'un, on peut ne même plus avoir envie qu'il devienne juste, mais plutôt qu'il reste dans le mal, qu'il soit dans un état susceptible qu'on continue à le détester, qu'il soit maudit, qu'il périsse. Agissez donc selon cette exhortation (surtout cherchez l'Esprit-Saint pour vous guider, c'est Lui la Loi), et pour le reste, **tout à Dieu**. Je vous exhorte, je vous adjure, je vous aime. C'est au nom de Jésus-Christ que je le fais, Amen.

---

[42] *Luc* 21.34.36.

L'état du monde

Très chers bien-aimés et bénis enfants de Dieu. Lancez un coup d'œil, devant vous, derrière vous, à votre gauche et à votre droite et dites : à quoi pouvons-nous nous fier en ce monde d'aujourd'hui ? A quoi peut-on se fier dans ce monde d'aujourd'hui ? A quoi, sinon à regarder en haut et dire : ¨Dieu mon Père, soit avec moi¨. Le caractère mondain, le caractère malin des choses du monde est en effet très flagrant en ces jours. Et je le dis, ça ira de mal en pire ; éviter donc les philosophies du genre ¨ça va aller¨, car ça ira dans le Règne de Dieu.

Qu'on le dise, à quoi peut-on se fier dans le monde, et notamment aujourd'hui, à l'Etat ? A la religion ? Au monde ? A quoi ? Examinons donc ces trois éléments, l'Etat en premier.

Quel est le principe de l'Etat, sa racine ? Il s'agit de vivre ensemble, et de cela, on tire la laïcité. Mais la laïcité n'amène pas à la vie. On dira que l'Etat n'a pas pour objectif d'amener à la Vie, mais le vivre-ensemble. Mais à ce propos, que vaut le vivre-ensemble par rapport à la Vie ? « *Qui n'est pas avec moi est contre moi, et qui ne rassemble pas avec moi disperse* ».[43] Et pour vous attirer l'attention, l'Etat d'aujourd'hui s'enracine plus dans le mal qu'en biens de périodes d'avant. Puisqu'avant, certes il y avait des guerres parce que les souverains, par amour de la puissance et de la domination, et par la nécessité aussi, cherchaient à agrandir leurs empires. Mais aujourd'hui, on remarque que les chefs d'Etat sont en grand nombre les serviteurs explicites du diable, de Satan, fils de la perdition, et prêchent son évangile. De nos jours, même la loi ne fait que s'avancer dans le mal, se créé pour le mal, et jusqu'où cela arrivera ? A ce que la loi obligera les Hommes à faire le mal, les convaincra d'impiété ! Discernez de ce qui est bon et de ce qui ne l'est pas, de ce qui sied et de ce qui ne sied pas, et sachez qu'en tout, l'Etat d'aujourd'hui n'est pas fiable, depuis sa racine. Encore que, ce sont des milieux où abonde la corruption : c'est l'agent de justice (le procureur, le magistrat, l'huissier, l'avocat …) qui se

---
[43] *Matthieu* 12.30.

nourrit des revenus de l'injustice : c'est par le voleur que vit le commissaire qui l'arrête ; par le coupable que vit l'avocat qui le défend, le magistrat qui le juge et le procureur qui le convoque. Donc s'il n'y avait pas de voleur, en seraient-ils mécontents ! S'il n'y avait pas d'injustice, en seraient-ils donc mécontents : puisque c'est par l'injustice que vit l'huissier qui vient la constater, et je ne parle pas par rapport aux revenus qu'ils tirent de leurs travaux quand ça sied et c'est bon, mais de la corruption ; au point où un bandit peut ne plus avoir peur de voler sachant que si on l'arrête, il n'ira pas en prison car au commissariat sa famille va donner des enveloppes au commissaire et enquêteur et il sortira à peine entré en cellule ; au point où un riche peut commettre des délits à sang froid sachant que si on les constate, il a de quoi convaincre l'huissier de constater en sa faveur, et s'il doit être jugé, il a de quoi corrompre procureur et juge, et se payer les services d'un éminent avocat. Voilà les Hommes d'Etat, voilà les Hommes car bien que **la royauté de l'homme sur ses semblables ne soit pas venu comme une bénédiction**[44], le gouvernement humain, pour gérer les Hommes n'est pas en soi mal, mais peut avoir de mauvaises implications en fonction de la nature des Hommes qui le gèrent.

Qu'en est-il de la religion, cet élément de refuge en principe ? C'est la catastrophe, car la perdition dans le matériel est le reflet de la perdition spirituelle : un bon esprit fait de bonnes œuvres, un mauvais esprit fait de mauvaises œuvres, celui qui a le bon esprit c'est l'enfant de Dieu.

En effet, les religions aujourd'hui sont aussi bien variées que contradictoires, de par leurs doctrines, en prétendant qu'elles viennent de Dieu. Mais Dieu inspirerait-Il une chose et ce qui diverge ou son contraire, qu'on se bagarre, qu'on se tue à cause de nos divergences et de nos contradictions et les deux viendraient-elles de Lui ? Non. Quand deux choses sont contraires, soit l'une des deux se trompe, soit ce sont les deux, car les deux ne peuvent avoir raison. En plus, l'unité dans la diversité n'est pas la même chose que l'unité dans la contradiction. L'unité dans la diversité se fait en Dieu, mais l'unité dans la contradiction ne se fait ni en Dieu, ni nulle part car elle

---

[44] *1 Samuel.*

ne peut se faire. L'unité dans la diversité c'est : tel est israélite et moi, européen, mais nous sommes tous enfants de Dieu, car c'est en l'Homme qu'on l'est et non en nationalité, ou en lieu géographique ; tel est blanc, je suis noir, mais nous tous vivons en Jésus-Christ car vivre en Christ n'est pas affaire de race de teint ou de tribu, mais de L'accepter, de recevoir le Saint-Esprit et de vivre selon Sa Parole dans notre nouvelle naissance ; tel est grand de taille, et moi, petit ; tel mange la viande, et moi je suis végétarien : « *Car le Règne de Dieu n'est pas affaire de nourriture ou de boisson ; il est justice, paix et joie dans l'Esprit Saint.* »[45] C'est ça très très chers enfants de Dieu ce qu'on appelle unité dans la diversité et ce n'est pas ça en religion aujourd'hui car on a affaire a de nombreuses religions aussi bien variées que contradictoires de part ce qu'elles enseignent, mais qui prétendent venir de Dieu ; et il y a même plusieurs versions de la Parole de Dieu utilisées dans ces religions, pourquoi ? Parce qu'au fur et à mesure que naissent ces religions ou ces confessions religieuses ou encore ces dénominations, se créé aussi de nouvelles versions de la Bible, pour mieux diverger de l'autre dénomination face à laquelle on s'est détaché. Les versions de la Bible pullulent, au fur et à mesure que se créé les dénominations, et pour attirer, avoir le plus de "fidèles", puisque c'est ça le combat, il faut qu'on dise que même la version de la Bible qu'utilise telle autre est du diable, alors que celle de sa dénomination est quasiment la même chose que l'autre. J'ai lu en effet beaucoup de versions de la Bible, non pas des lectures totales et posées mais sélectives, des examens en vu de comparer les versions, et j'ai constaté que, néanmoins quelques divergences de traductions, qui causent parfois de graves divergences entre certains extraits, les versions sont quasiment similaires. Mis à part qu'il existe aussi un phénomène d'endoctrinement de la Bible qui consiste en ce que la dénomination taille la Bible selon sa doctrine. J'ai constaté des accusations d'une telle chose sur internet en ce qui concerne la *Traduction du monde nouveau*, qui est la version de la Bible utilisée par la dénomination "Témoins de Jéhovah". Pour ce qui est de la Bible, j'ai déjà écris dessus et j'ai dis que je conseille la Bible de l'Esprit-Saint, c'est-à-dire non pas la Bible à la manière de la lettre morte ou des interprétations humaines, mais

---

[45] *Romains* 14.17.

la lecture guidée par le Saint-Esprit pour vivifier la lettre morte. C'est par le Saint-Esprit qu'on comprend la Bible, la Parole de Dieu, puisque c'est Lui qui l'a écrit. Donc la Bible chez un Homme qui n'est pas inspiré par Lui est vaine ; et lire la Bible pour à tort conseiller sa dénomination en disant que les autres sont du diable, mieux même ne pas l'avoir lue. Connaitre la Bible de manière charnelle, c'est-à-dire être expert en ce qui concerne la citation des passages (*Matthieu* 10.15, *Osée* 1.5, *Ésaïe* 32.5), sans pratiquer soi-même cette Parole de Dieu, c'est mauvais. Sinon, je tiens à noter que la *Bible de Jérusalem* (version de la dénomination catholique romaine) et la *Traduction œcuménique de la Bible* sont plus riches car possèdent des livres que certaines autres n'ont pas, ces livres qu'on appelle "livre deutérocanoniques ou apocryphes".

L'état spirituel de l'humanité est mauvais : le juif pense que c'est la Loi qui va le sauver et attend le Messie. **Grand israélite, je te le dis, confesse-toi et prends maintenant le chemin de ton Seigneur et Sauveur Jésus-Christ car la véritable Loi de Dieu c'est Lui.** Le musulman, encore plus égaré car abusé par l'ignorance et la croyance en la fausseté, pense que l'islam vient de Dieu et est le chemin du Salut. Et, comme un petit enfant abusé par l'ignorance, pense qu'il peut être sauvé par les prières rituelles quotidiennes et d'autres rites. Connais-tu l'Esprit-Saint ? Cherche le en Jésus-Christ car c'est par Lui qu'on est sauvé et c'est cet Esprit qui rend juste et qui fait l'Homme libre mais dans le bon chemin. Revenons au christianisme qui, ici, l'avantage est déjà qu'on croit en Jésus (homme qui parcourait les rues d'Israël pour annoncer le Règne de Dieu), mais où on le perd quand-même car des choses différentes, divergentes et contradictoires sont enseignés comme venant de Lui : on a les catholique romains dont le *symbole d'Athanase* stipule : « *Quiconque veut être sauvé doit, avant tout, tenir la foi catholique : s'il ne la garde pas entière et pure, il périra sans aucun doute pour l'éternité... Telle est la foi catholique : si quelqu'un n'y croit pas fidèlement et fermement, il ne pourra être sauvé* » ; on a les orthodoxes qui ne sont pas d'accord avec le catholicisme romain ; l'anglicanisme dont la manière de naitre est inquiétante pour une religion ; les Témoins de Jéhovah qui pour eux la vraie religion est la leur, les autres religions c'est "Babylone la Grande", la Prostituée ; les saints des derniers jours qui pour eux la religions est la leur (l'Eglise de Jésus-Christ des saints des derniers jours), et pour qui les autres religions c'est l'apostasie ; et bien d'autres sectes. Et pour ce qui est des protestants, le grand ensemble comporte vraiment de nombreux sous-ensembles, qui divergent et se contredisent aussi parfois. Voila ce qu'il en est des religions (chrétiennes, non chrétiennes, athées) : différence, divergence, contradiction, alors que Dieu est un, et Unique Son Chemin : Jésus-Christ, et unique Son évangile : les paroles qui proviennent de l'Esprit-Saint.

Terminons par le monde, quel état ? En effet, si on s'est égaré côté spirituel et étatique qui sont les guides, qu'en sera-t-il du monde, du mondain ? Dépravation, débauche, folie, égarement, etc. Le monde, le monde : on pense à son ventre, mais transgresse contre le ventre du prochain ; on pense à son honneur, mais déshonore l'autre ; on pense à se faire les poches, quitte à ce qu'on ruine l'autre. Que dire de la publicité mensongère, de la pseudo-publicité ? On fabrique un produit utile aux besoins de la vie, en dépit de travailler à signaler sa présence, sa disponibilité, ses caractéristiques, il faut qu'il soit le meilleur, et comme cela, on dira du poison qu'il est agréable, du nocif qu'il est doux, de ce qui est relatif en goût qu'il est parfait. Le monde, le monde, où des gens, hommes et femmes, s'habillent mal : une femme est habillée, on voit ses seins, ses fesses, sa silhouette se dessine sous ses vêtements ; une femme porte sur elle des vêtements transparents. Et savez-vous qu'il y a des plages nudistes où hommes et femmes y sont nus, se baignent nus, et entretiennent des rapports sexuels publics, aux yeux de tous, comme des animaux ? Je vous l'informe : oui, et bientôt... ? Le monde, le monde, la mondanéité, faut-il te glorifier ? Moi je ne te glorifie pas. La perdition recrute mieux que la raison ; **l'enseignement, visant à donner le savoir est spectaculairement faux.** Regarde-toi école du monde, que vont faire les enfants chez toi ? Se pomper de mensonges, gagner des perles fines pour perdre la perle de grand prix ; car, y allant, on réussit à écrire son nom, à avoir un travail, une voiture, une gloire qui passe comme l'herbe que le soleil dessèche ou qui est piétiné, et qui se fane, pourrie et ne se relèvera plus. Car, on saura et aura ces choses, mais on pourra perdra le Salut, ayant été guidé au moment ou on était borgne par des aveugles, et par conséquent, on est devenu aveugle. L'école qui apprend aux enfants des Hommes que le monde vient du hasard, du big-bang ; que l'Homme n'était pas Homme, mais que c'est l'évolutionnisme qui cause que nous sommes ce que nous sommes : "**on va voir où ça va mener**". Monde, quel loisir donnes-tu aux fils d'Adam ? Séries et films simulés, bêtise, musique mauvaise, sport à mauvaise racine, etc.) Monde, règne de Satan, es-tu fiable ? Non !

Chers enfants de Dieu, ne comptez pas sur ce monde mais sur le **Monde à venir** où règne Dieu notre Père dans la justice, la droiture, l'équité, pour les siècles des siècles, Amen. **Viens Seigneur Jésus.**

Pour terminer cet article sur *l'état du monde*, je vous demande qu'au vu de ceci vous ne soyez pas inquiets au point d'être distraits. D'autre part, c'est même avantageux que les choses soient ainsi et qu'elles s'empirent, c'est un signe clair que le Seigneur est plus proche pour mettre fin au mal en l'emportant sur Ses ennemis. Soyez donc patients et attentifs : **il faut garder l'esprit en Dieu dans la prière, l'adoration, la méditation et l'instruction de l'Esprit**. Soyez éveillés : amoureux du bien, haïssant du mal, et attendez le retour de Jésus dans la persévérance. Ainsi, vous ne serez pas confondus car la perdition est là pour les fils de la perdition, et la bénédiction, le Salut, pour nous enfants de Dieu, héritiers de la bénédiction et du Salut, choisis par Dieu notre Père dans Sa justice avant le commencement du monde. A Lui Bénédiction, Gloire, Majesté, Honneur, Louange pour les siècles des siècles, Amen.

Ma lettre à l'Homme universel

Salut à toi cher Homme, cher grand.

Je viens auprès de toi avec bon cœur, pour te dire que te voilà sur terre, et en vie mais tu as un Dieu, le SEIGNEUR Tout-Puissant, qui t'a crée, qui te fais vivre et qui veut que tu vives selon Sa volonté, pour te sauver par la suite en te donnant part au Royaume des cieux : Royaume de vie et de bonheur éternels qu'Il donne en récompense à ceux qui Lui ont été obéissants.

Ce que je te demande cher grand c'est si tu es prêt à rencontrer ton Dieu, à Lui rendre compte de tes actes et si tu espère au Salut qu'Il donne ? En effet on est prêt à le faire lorsqu'on a la conscience tranquille, lorsque notre cœur ne nous accuse pas, non pas parce qu'on a tant étouffé sa conscience, mais parce qu'on mène une vie saine, bonne et agréable aux yeux de Dieu, parce qu'on vit dans l'amour et ce qu'il produit, parce qu'on vit dans la Parole de Dieu qui est et l'Esprit le témoigne en nous.

Es-tu alors prêt ? Si oui, et que ce l'est vraiment devant le SEIGNEUR, je te remercie, je t'encourage mon frère, ma sœur bien-aimée, persévère, accroche-toi fort à Celui qui te sauve, et agit toujours comme Il te guide à agir, c'est par Lui que tu es jusqu'ici, qu'Il te bénisse, et Il te bénira, et tu triompheras. Gloire à Dieu pour toi, courage car la promesse est proche de se réaliser. Si tu n'es pas prêt, je ne te demande qu'une seule chose cher grand, car une âme est chère pour le SEIGNEUR : confie toi à Jésus-Christ, car c'est Lui la Parole vivante qui guide l'Homme et l'amène à faire la volonté de Dieu. Cherche-Le donc, et Il se laissera trouvé par toi, Il t'aimera, Il te guidera, Il t'encouragera, Il te fortifiera, Il cheminera avec toi, Il te précèdera, Il t'éclairera, Il te réconfortera, Il te consolera, JESUS TE SAUVERA.

« *CONVERTISSEZ-VOUS : LE REGNE DES CIEUX S'EST APPOCHE* »
Matthieu 4.17.

Jonas : serviteur quelconque de Jésus-Christ.

Oui, je veux morebooks!

I want morebooks!

Buy your books fast and straightforward online - at one of the world's fastest growing online book stores! Environmentally sound due to Print-on-Demand technologies.

Buy your books online at
www.get-morebooks.com

Achetez vos livres en ligne, vite et bien, sur l'une des librairies en ligne les plus performantes au monde!
En protégeant nos ressources et notre environnement grâce à l'impression à la demande.

La librairie en ligne pour acheter plus vite
www.morebooks.fr

OmniScriptum Marketing DEU GmbH
Heinrich-Böcking-Str. 6-8
D - 66121 Saarbrücken
Telefax: +49 681 93 81 567-9

info@omniscriptum.com
www.omniscriptum.com

www.ingramcontent.com/pod-product-compliance
Lightning Source LLC
Chambersburg PA
CBHW031244160426
43195CB00009BA/590